21世纪的学习

[法] **弗朗索瓦·塔代伊** 著
（François Taddei）

刘 敏 徐芦平 译

清华大学出版社
北京

北京市版权局著作权合同登记号　图字：01-2020-6251

Apprendre au XXIe siècle by François Taddei © Calmann-Lévy, 2018

版权所有，侵权必究。举报：010-62782989，beiqinquan@tup.tsinghua.edu.cn。

图书在版编目（CIP）数据

21世纪的学习 /（法）弗朗索瓦·塔代伊著；刘敏，徐芦平译 . — 北京：清华大学出版社，2024.9
ISBN 978-7-302-59857-2

Ⅰ.①2…　Ⅱ.①弗…　②刘…　③徐…　Ⅲ.①学习方法　Ⅳ.①G442

中国版本图书馆CIP数据核字（2022）第003344号

责任编辑：陈　明
封面设计：傅瑞学
责任校对：薄军霞
责任印制：刘　菲

出版发行：清华大学出版社
　　　网　　址：https://www.tup.com.cn, https://www.wqxuetang.com
　　　地　　址：北京清华大学学研大厦A座　　**邮　　编**：100084
　　　社 总 机：010-83470000　　**邮　　购**：010-62786544
　　　投稿与读者服务：010-62776969, c-service@tup.tsinghua.edu.cn
　　　质量反馈：010-62772015, zhiliang@tup.tsinghua.edu.cn
印 装 者：涿州汇美亿浓印刷有限公司
经　　销：全国新华书店
开　　本：135mm×215mm　　**印　　张**：6.625　　**字　　数**：171千字
版　　次：2024年11月第1版　　**印　　次**：2024年11月第1次印刷
定　　价：45.00元

产品编号：085562-01

致每一位教授我无尽知识的人

"如果你想造一艘船,不要把男男女女聚在一起,向他们发号施令、解释每个细节、告诉他们每样东西都在哪儿……如果你想造一艘船,那么就激起他们心中对浩瀚无垠的大海的渴望……"

——安托万·德·圣-埃克苏佩里《要塞》

目 录

1 **导言**

5 **为什么 21 世纪的学习与众不同**
6 学习是生活的本质
9 转变往往伴随冲突
10 合作与传承
14 进化的全新边界
16 转变 = 冲突
17 从序列到指数
18 长远看技术必占上风
19 培养体系的深度反思
20 智能的伦理与未来
22 病毒始终先行一步
25 重读与连接
26 是否存在一个思想星球？

29 **我学到了什么**
29 从幼儿园到大学，遵守规范一样重要
30 没什么比下棋更重要
31 人类可以成为机器的主人
32 过度竞争并不总会产生最好结果

33 集体智慧，这个星球感念你们

33 我不会屈服于专制的权威

35 学会提出正确的问题比储存现成的答案更可取

38 我们都需要仁慈的导师

39 科学真理是暂时的

39 学科之间的壁垒是要跨越的

40 错误不总是敌人

41 "养育一个孩子，需要全村的力量"

42 道德之需无处不在

43 留一片池塘给"丑小鸭"们

45 **别具一格地教学**

47 不冒险有风险

50 为人才腾飞插上翅膀

51 不断合作与进化的生态系统

52 一些美好的神话

54 社会企业家是未来世界的灯塔

55 我们正在经历一场范式转变

56 我们天生就是研究人员，但我们却很快忘记了

60 旅行塑造青春，也塑造了所有知道如何保持年轻的人

61 集体智慧比人工智能更强大

62 冲突孕育进化

63 "三傻"助力思考未来教育

65 我们比以往任何时候都更需要认清自己

66 **学习之前，先要忘却**

68 大脑使我们张冠李戴

68 "寓意大猩猩"

70 认知偏差的力量

目录

71　戳破"信息泡沫"

72　通过经验学习

73　寻找快乐、幸福和意义

74　实验，直觉的阻碍

75　摆脱自己的价值观

76　学会说"我不知道"

77　我思与众不同，故我在

80　质疑的高峰期

81　盲人摸象的寓言

83　走出你的筒仓

84　跨学科无年龄界线

86　急不可待的患者

86　社会－科学－企业家

88　严肃的游戏

89　参与式科学和公民科学

90　技术无道德即是灵魂毁灭

92　流动或不流动

93　"教育者—研究者"教师

94　新加坡方法

95　行动研究

96　1%

96　认真对待孩子

99　信任与传递

100　"相信我们，并要求更多！"

102　释放儿童的创造力

103　"改变世界，从改变自己开始"

105　当孩子探索并有所发现时

106　发现也可以是集体行为

v

107 "我们从不去看那里到底是什么，只看到曾经的有用信息"

108 相较于其他物种，人类需要更多时间实现大脑能力成熟

109 探索还是开发："犯错误是人之常情"

110 您是说"新教学法"？

112 面向所有人创新还是培养精英？

113 我相信他

114 走向认可

115 摆脱过度控制

117 无数的蜂鸟

118 认可个人和个性

120 学会学习

121 以人为本

122 各个等级的善意

5

124 学习提出好的问题

124 从助产术到"助产技术"

126 知识与认可

127 提供基准非常重要

128 "知识"和"认可"的蜡烛

129 体力劳动者为脑力劳动者提供的经验教训

130 可能性地图

131 互助型学校

131 群体智慧与集体愚蠢

132 逆水行舟，不进则退

132 站在巨人的肩膀上

134 空白文凭

135 总有更多的"丑小鸭"

138 CRI：有趣的相遇十字路口

目录

- 139　大学的三大自由
- 140　投身项目文化
- 141　移动的大学
- 143　开放科学
- 144　慕课之后，让我们放眼大规模开放在线研究
- 146　开放科学，开放社会
- 146　大挑战
- 147　让我们去中国，以便更好地了解
- 151　人人都是研究者
- 153　教师"导师"
- 155　为生存犯"错误"
- 156　学习型组织
- 157　个体和集体的提问
- 160　向"学习庆典"迈进
- 162　研究转折来面对转折
- 166　最美好的世界
- 166　致力于"学习公共服务平台"
- 173　使未来成为可能
- 174　预测性、预防性、个性化、参与性

177　学习型地球的说明书

179　结论
- 179　走向更人性的人类社会

183　附录：2018年跨学科研究中心（CRI）活动总览

190　致谢

我们将去向哪里？我并不比别人知道得更多。但过往的经历让我开始质疑、进行类比并提出假设。如果有一位来自其他星球的比较进化论专家，那么，我想他可能会这么说：

也许这是人类历史上第一次，人类开始集体意识到自己正在经历一场进化的转变，就像从生命起源的原始汤到智人出现的转变。

一个非同寻常的机会正在悄悄来临。

我们越多人涉足这种新的转变所带来的问题，就越能够调动集体智慧——人类、其他生命体以及机器的集体智慧，也就越有可能提供令人满意的答案，并创造一个比某些预言家或技术专家为我们所构想的结果更令人向往的未来。

因此，又有谁知道，人类可能会以与机器一致的速度实现进步，一个更美好的世界将会出现，人类的进步服务于人与自然。

这是我的一点点希望。

愿此书，连同每一位读者，为实现这一目标而做出贡献。

导　言

　　经历了一个漫长的不眠之夜，我刚刚有一些睡意，纽约市消防车特有的正弦波状警笛声又让我清醒起来。我睁开双眼，闹钟显示上午 8：30，或者说是法国时间凌晨 2：30，此时是我清晨送儿子到幼儿园后，赶赴机场乘飞机抵达纽约的次日清晨。

　　飞机抵达后，我的朋友兼同事斯坦·莱布利尔（Stan Leibler）前来接机。他在洛克菲勒大学（Rockefeller University）有一个实验室，我应邀前来参加研讨会。此外，我将在这所因获得过诺贝尔生物医学研究奖而举世闻名的大学度过为期一年的学术假期。

　　到达校园后，斯坦带我参观了位于大学东河畔的中城。在塔顶我们看到了绝妙的纽约天际线——这条天际线被摩天大楼的几何形状所割断，特别是曼哈顿岛南部的摩天大楼。晚饭后，斯坦陪我去了一家面向世界各地游客开放的公寓。辗转反侧，难以入眠，直到黎明破晓……我终于有了一丝睡意。

　　我试图入睡，多休息几十分钟，可理智不允许，因为楼下的喧闹声还在持续，似乎还有所加剧。我的整个听觉世界都被这些刺耳的警笛声占领。我决定离开房间去找斯坦。我在走廊里遇到一个喃喃自语的人，我当时还不明白纽约世贸中心大厦发生了"什么事"。我找到了斯坦，"来吧，我们上去。"像前一天晚上一样，我们来到塔顶。传奇般的天际线发生了变化，我的大脑却抗拒理解这一巨变。我听到一个声音："这太疯狂了。其中一座塔倒塌了！"然而我还是无法相信。"不……不……有那么多烟雾……它只是消失在烟雾中。"

话音刚落,另一座塔倒了。这是 2001 年 9 月 11 日。历史的进程正在我们眼前改变。

我们周围有几位以色列研究人员,他们生活在一个屡遭恐怖袭击的国家。他们忠告道:"我们绝不能任由自己被恐怖分子所恐吓。我们必须继续做好自己的工作。"回想起那日的袭击,我对自己说,他们是正确的,我们绝不能向恐怖袭击屈服:科西嘉岛,我的老家,我常去的地方,在民族主义者加倍攻击的时代,爆炸划破了那里"蓝色的天空",还有 1986 年的巴黎,那一年我 19 岁——2 月的克拉里奇画廊(lagalerie de Claridge)、圣米歇尔广场的书店(Gibert Jeune)、巴黎雷阿勒市场(Forum des Halles)的 FNAC 体育商店。3 月是香榭丽舍大街的 Point Show 画廊。9 月的市政厅邮局、拉德芳斯(la Défense)四时购物中心(Quatre-Temps)、卡西诺超市(Casino)的咖啡厅、香榭丽舍大街的雷诺酒吧(pub-Renault)、巴黎警察总部和雷恩街的塔蒂商店(Magasin Tati);还有 1995 年和 1996 年发生在皇家港(Port-Royal)、白宫(Maison blanche)、圣米歇尔(Saint-Michel)的袭击,这些地方都是我日常光顾的地方。

显然,我们不能回去工作了。下楼去献血,队伍排了整整三个街区。另外,由于"疯牛病"的原因,美国人不接受欧洲人的献血。我们试图克服一切来谈论科学,但每一件事都把我们带回到正在经历的事情上。同事告诉我,一项关于捕食者和猎物之间关系的实验表明,即使捕食者变得无害,即使它不攻击猎物,仅仅是它的存在,就能恐吓猎物,并降低其繁殖力。实验结论是:恐惧和实际发生危险的影响力一样大。因此我们绝不能屈服。

在我们试图转移注意力时,我的妻子和孩子们在巴黎焦虑不安。我想,当时发送给他们的电子邮件被屏蔽了(直到一周后他们才收到),所有电话也都被切断了。我用了三天时间才联系到他们,让我妻子放心。不知出于何种原因,她确信那天早上我去了世界贸易中心附近买鞋!我儿子则认为所有的楼都倒塌了。他只有 3 岁,不明

导言

白电视循环播放的是同一场景。

幸运的是,我原先预订的一周后的返程航班是首批获准从纽约起飞的航班之一。在登机之前,我购买了一份《纽约时报》的周末版。周末版的内容向来丰富,而那一天的报纸像书一样厚,报道了数百位见证者对恐怖袭击的描述。

直到在返回巴黎的飞机上,当读着这些证词时,我似乎挨了一记沉重的耳光。我那时就在纽约,距离这场悲剧只有几千米,因为看不了电视,当时我还不太明白状况(信号发射机位于世贸中心大厦顶部,整座城市由此失去了电视信号),纽约的"东道主"们分散了我们的注意力,竭力照顾以免我们惊慌失措。

但是,在这个大西洋上万米高空的不眠之夜,我不再是一个痴迷于细菌故事的实验室研究人员。我是一名地球公民,刚刚被不知不觉地卷入了不断演变历史的中心。很多问题困扰我:我的孩子在一个什么样的世界里长大?我将给他们留下怎样的世界?我只能是这个星期中无助的见证者还是可以成为历史变革的推动者?如果世界变得疯狂,那么最现实的"B计划"是什么?迁移到另一个星球?接受死亡?努力建设一个更美好的世界?我们又如何才能成为一个更具有人性的……人类?

除了亲历恐怖袭击的震惊,一周后我才得知,有人在信件中放置炭疽杆菌作为生物武器,这也引起了作为微生物学家的我的关注。我父亲是一名大学学者,也是一名法国国会议员。当我还是个孩子的时候,我记得他是这样向我解释他作为议员的工作的:"世界上有很多问题。我考虑各种解决方案,并努力实施这些方案。"令人困惑的是,这些年我保留了这样的想法,认为情况始终在控制之下。世界会变坏吗?爸爸会处理的,我可以继续玩。但是在千禧年的开端,他逐渐卸下工作,而我也荣升为一名父亲。从父母眼中的孩子到为人父母,我能为子孙后代做些什么?我会满足于帮助我的孩子尽可能地摆脱困境,还是我可以为创造更广泛的生态系统做出贡献,在

3

这个生态系统中，他们和他们这一整代人的生活会更加美好？

当飞机降落在戴高乐机场的那一刻，我的决定逐渐清晰，即使它会随着时间的推移而更加完善：我将不仅仅做一名致力于推动知识进步和改善健康，但有时在象牙塔中与世隔绝的研究人员。此时此刻正在发生的事情，以及我们如何为未来的世界做好准备，同样至关重要。我用了 12 年研究细菌如何合作和交换信息以适应环境，之后我将把精力放在如何促进人类之间的合作上。在这个千禧年的黎明，我丝毫不怀疑飞速发展的数字革命将迅速而深刻地颠覆问题的情境。在 21 世纪，我们的学习不会像之前的几个世纪那样。那么我们将为什么学习？又将如何学习？

这便是贯穿整本书的主题。第一部分，我将分析为什么 21 世纪的学习会有所不同，并对此进行验证。第二部分，我将短暂偏离主旨，讲述我的个人经历，阐明我的出发点，以及我在人生旅途中不同的时间段学到了什么。然后，我会把重点放在个体和自我学习的能力上，这往往不仅涉及"学会学习"的能力，而且还涉及"学会忘却"的能力。第三部分，我们将谈及大脑——这位学习最好的朋友和最大的敌人——的错综复杂。第四部分，我们将看到如何与他人一起学习，就像生命出现以来，所有鲜活的有机体一直在做的那样。第五部分，我们探索如何更好地学习提出问题，即便不是正确的问题，至少是好问题。最后，我将与大家分享我向法国政府提交的实现学习型社会的具体建议。

1

为什么 21 世纪的学习与众不同

亚里士多德认为知识有三种形式：**理论知识**、**创制知识**和**实践知识**。

理论知识是对世界的认识，由此产生了"认识论"一词（对知识的研究）。

创制知识描述了如何对世界采取行动，因此出现了"技术"和"工艺"等词汇。

实践知识是这三类知识中最鲜为人知的。它通常被翻译为"谨慎"，但实际上并非使人麻痹的"谨慎"，而是行动伦理学。在亚里士多德时代，它从本质上描述了一种行为对自己和他人的影响。今天，它不仅仅涉及"此时此刻"，还涉及"别处和明天"。

面对 21 世纪的危机，即全球危机——无论是气候、环境、经济还是地缘政治危机——我们必须让**实践知识**成为知识的支柱，无论是在集体行为、社会行动中，还是在作为对地球负责任的公民的个人行为中，都要使其像**理论知识**和**创制知识**一样强大。

遗憾的是，几乎所有教育系统都将理论放在首位，将技术排在第二位。而行动伦理学只处于边缘地带，并且相关研究开展得较晚。更糟糕的是，在某些学科，例如医学，同理心（这是伦理学的维度之一）甚至似乎随着学习年限的增加而降低。在高等商业学校中也有同样的现象。学级越高,具有协作态度倾向的学生越少。在工程师的培养机构里,随着学习年限的增长,对主体道德层面的关注度逐渐减弱……似乎我们掌握知识和技术的水平越高,就越少考虑我们要关注的主体或客体的价值和道德。

当科学技术不再只是用来描述现存世界,而是变得更具规范性,更明显地影响着这个世界的时候,这种价值和道德的缺失则成为任何学习过程都面临的主要挑战,这是一个重大的变化。

学习是生活的本质

自从第一株细菌出现以来,我们的基因组(有机体中存在的所有基因)已经发生了巨大的演化。但在数十亿年的时间里,它一直没有意识到自己的进化。

这正是亨利·普洛特金在1994年发表的论文《达尔文机器与知识的本质》中所展示的内容,这篇极具权威性的论文结合了生物学、心理学与哲学理论。普洛特金解释说,达尔文可能同时是动物学家、微生物学家、免疫学家、心理学家、认识论学者、计算机科学家……原因很简单,因为所有这些领域都与达尔文发现的进化过程有着相似的运作过程:变异、选择、某种形式的留存,后者往往是扩增的前奏。而这种留存通常是某种形式的学习。

例如,我们的大脑中,神经元的连接方式不同可能产生多种随机现象。一旦瞬态连接变得稳定后,它们将得以储存。这就是我们学习的方式。

这种学习现象是普遍的。对于所有形式的细胞来说都是如此,从细菌到多细胞生物,无论有无大脑,我们的神经系统也同样适用。例如,如果一种细菌能够降解某种糖,那是因为它的某些"祖先"幸运地遇到了这种组合,使它们能够获取营养,由此可以继续繁衍。根据普洛特金的说法,这些达尔文式的知识获取过程可以追溯到生

1 为什么 21 世纪的学习与众不同

命的起源。像这样,最初的自我复制系统允许第一批生命形式实现繁衍。这些过程使得进化中所有重大转变成为可能,并为连续出现的生命形式提供了越来越复杂的方式,来获取所处其环境的知识。

克里斯托弗·威尔斯的一本非常有趣的作品《脱离控制的大脑》很好地描绘了当这种创新出现时会发生什么:某种形式的"进化军备竞赛"。大脑体积更大的食肉动物比它们的猎物更有优势,选择压力将诱发猎物的大脑发育,防止它们在繁殖之前消亡。同样,性伴侣之间也存在选择压力。正如孔雀的尾巴只用于求偶一样,大脑的一部分能力可能也用于征服伴侣。或许学习如何进行求偶炫耀或筑巢是繁衍所必须的,这也就解释了我们在许多杰出的"动物艺术家"身上观察到的创造力,更不用说人类了。伴侣之间的这种选择压力,可能不仅塑造了我们的艺术能力,也塑造了我们的合作能力和道德价值观,正如马特·里德利在《美德的起源》中所指出的。罗宾·邓巴甚至认为,这可能是语言出现的因素之一,在能够交流彼此声誉信息的社群中,合作无疑变得更加容易。

蜜蜂、蚂蚁、鸟类或海洋哺乳动物能够向亲人们解释哪里可以找到食物,甚至可以告诉它们如何躲避捕食者或危险……许多组织向同类传播信息,然后传递知识。这种能力对物种生存具有决定性作用,因为这一能力给它们带来巨大的竞争优势。后文我会进一步深入阐述这个问题。

因此,人类对其他物种的统治很大程度上归功于其前所未有的交换信息和邀请同类形成组织的能力:一方面是语言,它使人类具有描述各种情况的通用能力;另一方面是合作的能力,正如以色列历史学家尤瓦尔·诺亚·赫拉利在《人类简史》中所解释的,合作在人类中比在其他物种中体现得更为明显。当一个人面对一只黑猩猩时,结果是不确定的。但当一千个人面对一千只黑猩猩时,人类完全有机会获胜,因为他们能以更好的方式进行交流,并且知道如何更轻松地进行合作。

21世纪的学习

无论这些学习是有意识地进行，从而在特定时间解决特定问题；还是偶然地进行，这并不重要——事实上，许多重大科学发现都是偶然的结果。人的特殊性在于，原则上我们知道如何识别学习的重要性，并将其传承下去。每次学习的时候，我们可以教授他人，这些人又可以提炼知识，加以推进，然后再传承下去。在我们能够研究的狩猎—采集部落中，也可能在以前的许多部落中，孩子们从聚在一起玩耍、探索、模仿中相互学习，而并不存在有组织的教育系统，甚至成年人也不关心他们学到了什么。他们有很多游戏。就像微笑一样，有效地学习和传递信息的能力是人类的本质特征！

21世纪日新月异，数字技术使我们走得更远，能够创造"人工智能"，而这些"人工智能"本身将产生新的知识。或者至少，如果"人工智能"这个术语尚被质疑，那么可以创建足够自主的程序，使其能够自行探索人类大脑无法处理和消化的海量数据中仍然未知的联系。

正如前文所言，自生命出现以来，生物发明了多种多样的知识获取形式。人类的独特性在于，他既是一种有生命的物种，也是一种有意识的物种。据我们所知，与动物不同，人类意识到自己具有意识，并能够通过语言表达意识。

因此，我们知道，人类正在有意识地经历一次新的重大转变，其特征是创造新的智力形式，在我看来这是一种全新的形式。

随之而来的是第二次革命，这还是要归功于数字技术促进了基因组学发展：我们知道了如何修改其他物种的基因组。在这一点上，与其强调其创新性，不如说新意在于它的意向性。所有生命形式都是在无意识中，因为随机突变而不断变化。然而，有意识地重建基因组是一种颠覆性的创新。特别是，我们甚至可以设想人类基因组的进化，这将是向未知领域的一次飞跃。对此我们不能将认识仅仅停留在**理论知识**和**创制知识**层面，必须要强调**实践知识**，以便我们试图理解这样的冒险将把作为生物界中一个物种的人类引向何方。

1 为什么21世纪的学习与众不同

转变往往伴随冲突

显然,这些转变,甚至是断裂,在泱泱历史长河中不是第一次发生了。我们从过往学到了什么?我们会发现,这些不断演进的转变时期几乎总是引发不同利益相关者之间的冲突。

据推测,生命是从生物学家所说的"原始汤"中诞生的。原始汤是一种富含有机分子和能量的环境,有利于自我复制分子的出现,也就是说,该环境能够促进合成一个与自身完全相同的分子(即自催化复制),简而言之,就是自我复制。这些既是信息载体又是信息复制机制的第一批分子是什么呢?我们不知道。DNA可以复制,但不能单独复制。而RNA是可以被复制的,它同时也具有催化能力——RNA促进了信息中可遗传部分的化学变化。尽管目前我们还未发现完全自主的自我复制分子,但RNA也是一个更好的候选者。

而且,自我复制分子足以创造达尔文式的进化过程:复制中的每个错误都会产生变异性,并且这种变异性是可遗传的。这种进化甚至可能在第一个细胞出现之前,也就是40多亿年前地球诞生后不久就开始了!

即使在今天,研究人员仍在试图了解这种原始汤的成分。他们把氮、碳、氧、氢加热,用能量碰撞,他们试图检测出一些更复杂的分子,这些分子可能是构建生命的第一块砖。他们还在太空中寻找,这里可能产生了在分子组装过程中出现的相对复杂的分子,例如氨基酸。有一个广为人知且古老的假说——"泛种论",它声称生命是由彗星带来的。除了带来水,彗星还可以"播种"地球,至少可以带来生命的"基本砖"。这就是为什么我们不断尝试识别彗星中存在的分子。生物学史的这一阶段仍然充满谜团。这只是一种假说,无法解答在此前发生了什么的问题。

由于最初的自我复制分子催生了细胞,理解剩余部分就更容易了:这是第二次转变。什么是细胞?一种生命单位,以膜为边界,封装了资源和过程。细胞产生复制所需的分子。这种有机体被选中进行自我复制,以产生"好的"分子,并最终排出那些可能具有"毒性"的分子。因此,我们有了内部和外部的概念,以及几乎有了分子"我"的概念,至少是细胞的"我"。

相信我,在细胞层面上,冲突是激烈的!有些分子,例如病毒基因组,是非常容易复制的,但这些分子对其他分子的复制没有任何贡献。可以这么说,它们是拒绝合作的自私分子。在替他人着想的能力方面,它们当然没有同理心。然而,如果它们占用了太多的空间,就会消灭其他细胞,细胞的复制会因此终止。所以,进化总是有利于那些包含能够协同所有细胞成分进行复制的分子的细胞。反过来,这些细胞可以在无法单独完成的事情上相互协作并共同成功。例如产生细胞组合(进化的第三个重大转变),进而产生多细胞生物。

在多细胞生物中,有些通过生殖细胞系和体细胞系进行复制,产生卵子和精子。多细胞生物曾多次出现,孕育出动物、植物或真菌。同样,不同的复制机制也导致多细胞和"自私"细胞之间的冲突,这些细胞拒绝参与集体行动,并导致诸如肿瘤的形成。谁将生存下来?谁拥有的后代最多?答案是那些自身细胞与其他细胞合作最佳的有机体。在某种程度上,我们见证了第一个细胞社会的形成。在这种社会中,已经能观察到那些参与集体行动的细胞和其他细胞之间的冲突。

合作与传承

进化的下一阶段:文化在这些社会中逐渐形成,也就是说,集体行为是后天习得而非与生俱来的。个体之间的信息传递可以使他们更快地完成适应过程。我们已经观察到,当数十亿个细菌在生物体内协作以对抗抗生素时,在细菌层面上存在遗传信息的交换。

1 为什么 21 世纪的学习与众不同

2014年，我指导了塔蒂亚娜·迪米特里乌有关"生命前沿"研究的博士学位论文。她的研究表明，合作以具备集体生产共同产品和交换信息的能力，两者的发展具有同时性。细菌通过合作来交换信息，或者说通过交换信息的方式进行合作，合作时没有一个集中的系统，也没有明确的意图。简而言之，自然选择挑选了那些相互合作、交换信息、合作以交换信息以及交换信息以进行合作的细菌，并解决了它们所面临的挑战。

细菌可以通过多种方式合作。有时细菌会发出信号——有点像警报发射器。如果它独自存在，那什么事都不会发生。但如果细菌足够多，就会达到所谓的"群体感应"。此时，在细菌群体中，就像在人类群体中一样，当达到一定的群体数量时，它们将能够做出决定，改变自己的行为。细菌在等待达到足够的数量规模，直到值得发起某些合作。和人类一样，它们在有条件的基础上合作。

这些合作机制不仅仅是生物学家研究的对象。研究"博弈论"的数学家或经济学家也试图描述在哪些情况下人类会选择合作而不是自私。细菌的优势在于，它可以进行庞大规模的实验（一个细菌在大约20分钟内完成繁殖：如果你晚上离开实验室时培养一个细菌，第二天早上上班时就会有数十亿个细菌可用）。

因此，在由生命的有机体组成的社会，它们会根据情况，在其他个体行为的影响下改变行为，以进行合作。这一现象可以在蚂蚁、蜜蜂、鸟类（像鲸鱼一样通过歌声交流）中观察到。不同的文化可以在同一物种内共存。一些黑猩猩群体敲碎坚果，另一些黑猩猩群体用植物的长茎挖洞底的白蚁，等等。这些行为通常不是自发的，它们是通过观察和模仿并实现传播来获得的。有些人已经用教育来描述这些传播形式，然而，这些传播形式并不一定在所有动物中都是有意识的。在人类中，语言的出现使得极其复杂的文化得以产生和发展。

因此，从生命的一开始，合作的能力就成了进化的基础，并且在许多情况下，它是获得进化优势的最佳途径。仅仅靠一己蛮力是远远不够的。

什么是合作？在博弈论中，它被定义为一种对自己有成本、对他人有好处的行为。这个定义也适用于生物学：从进化的角度来看，选择一件不会带来最起码收益的东西，即使收益是间接的，是极罕见的（所以当你与家庭成员合作时，你增加了基因传承的可能性）。

自然界不乏此类的例子：蚂蚁之间的合作极为紧密，只有蚁后才能繁衍后代，其他蚂蚁则帮助其姐妹或母亲繁殖，从而在最佳条件下传播基因。它们的这种行为会增加自身基因被传递的可能性。进化论选择了一种利他行为（"我"帮助蚁后），这对"我"有好处（促进了"我"携带基因的传播）。

那么从什么时候我们开始谈论生活中的教育？如果一只动物观察另一只动物，并从其行为中学到一些东西，这种情况不一定是教育。诚然，一名个体从另一名个体那里学到了东西，但后者并不是有意地"教"他。除非我们观察到这个过程给他制造了"代价"。例如，他会重复或放慢执行某个行为，但如果没有被同类观察到，他是不会重复或放慢速度的。因此，一些蚂蚁在某个地方找到食物时会留下化学痕迹，这样其他蚂蚁就可以模仿它们。在一些物种中我们还观察到，当它们被跟随时，不会采用相同的路线，从而确保它们不会失去其他路线。

狐獴也是一个高度合作的物种。例如，当探测到捕食者时，它们会发出大叫，显然这个行为是有"代价"的（对于发出警报的个体而言，这会让它更为显眼），而这个行为对它的亲人是有益的，因为它们可以更快地寻找遮蔽。狐獴还教授幼崽如何吃蝎子，蝎子是它们的自然栖息地（非洲西南部的纳米布沙漠）中为数不多的蛋白质来源之一。众所周知，蝎子的蜇伤是致命的，因为它不想被吃掉。只有成年狐獴知道如何进行操作，从而可以毫无危险地食用蝎子：它抓到蝎子，拆下蝎子壳，然后去掉它的毒液。但是，当狐獴喂养它的幼崽时，

1 为什么21世纪的学习与众不同

除了在最开始阶段它会将可食用部分直接交给幼崽，之后它会不辞辛劳地向幼崽展示如何逐步进行捕食。这无疑是一个合作和教育过程，因为对于狐獴"教师"而言，的确代价是巨大的：它不仅需要冒险叼着一只活蝎子四处走动，而且最终它也没有自己进食。

植物物种也知道如何改变行为以实现自我保护。在南非，人们观察到相思树通过产生一种毒素，使它们的叶子难以消化，来集体防御羚羊。当羚羊吃了相思树叶的幼芽时，被攻击的树木会向其同类释放信号，将乙烯分子扩散到空气中。如果另一棵相思树感知到这个信号，它就开始产生毒素进行自我保护，并同时继续释放乙烯分子来预警其他相思树。

从原始汤到细胞，再到文化行为的变化，在所有这些不同的转变之间有什么共同之处吗？学者埃洛斯·萨斯玛利和约翰·梅纳德·史密斯对此进行了研究。他们的结论是：当从一个给定的元素向更复杂的元素迈出一步时，两者之间通常会有冲突。换句话说，这种冲突与进化是同质的，而对细胞适用的原则也同样适用于人类组织。在某种程度上，这种冲突是自然的。消除冲突的最好方式就是合作。

为什么在所有物种中，人类会取得胜利？正如历史学家赫拉利在《人类简史》中说明的那样，因为人类是能够进行最大规模合作的物种，我前面已经提到了这一点。细菌的合作在数量上是可观的（数十亿！），但其目的非常简单；蚂蚁为实现更复杂的目标而合作，但数量有限。只有智人集两个特点于一身：合作的人数越来越多，完成的任务也越来越复杂。

我们怎样实现的？通过信念的力量。赫拉利告诉我们，人们之所以能进行大规模合作，是因为共同相信那些只有在许多人相信以后才有意义的事情——例如，金钱的价值或文凭的价值。我们准备充分，实现了黑猩猩永远做不到的事情，例如以香蕉换钱，或强迫自己学习以获取一张叫作"文凭"的纸张。这种相信一般只有在别人也相信时才具有意义的事情的能力似乎是人类的特性。

21世纪的学习

赫拉利与约翰·梅纳德·史密斯持有相同观点，他指出，人类历史上的重大转变都以冲突为标志。然而，同他见面后我才得知，他之前并没有阅读过约翰·梅纳德·史密斯的著作。就合作的益处，历史学家和生物学家以不同的方式达成了一致。

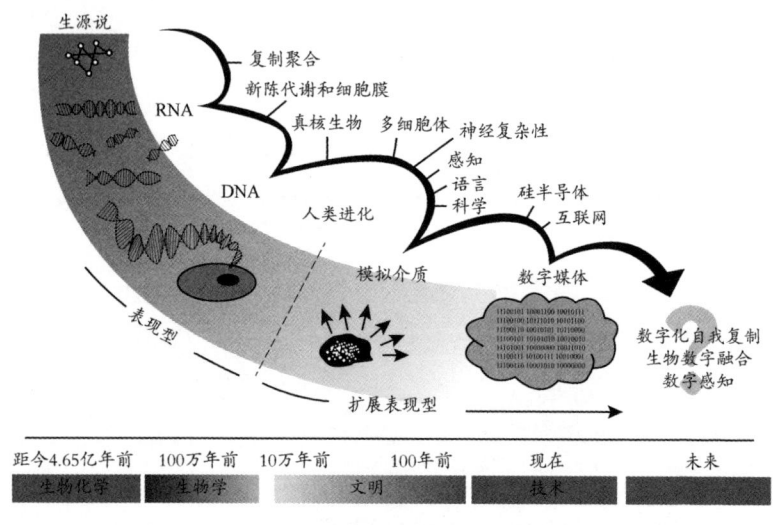

```
生源说
    复制聚合
    新陈代谢和细胞膜
RNA
    真核生物  多细胞体  神经复杂性
DNA                    感知
            人类进化    语言   硅半导体
                       科学   互联网
                模拟介质      数字媒体
表现型                                 数字化自我复制
                                      生物数字融合
            扩展表现型                  数字感知

距今4.65亿年前  100万年前  10万年前  100年前  现在  未来
   生物化学    生物学     文明      技术
              进化基质
```

进化的全新边界

下一阶段的进化，即生物和数字技术的融合，将会是怎样的？

机器不具备自我意识。但是能够识别出那些对它们产生影响的现象。计算机知道内存何时已满，电池何时没电，是预先编程实现的吗？同样地，我们可以将这种现象类比到细菌，当温度升高时，细菌会做出反应。这是通过生物进化的编程实现的。当你意识到自己饿了时，也是相同的机制：你的一个基因已经由生物进化编程，编码了一个分子，这个分子告诉你血糖不足，现在该吃饭了。不仅仅是计算机，我们自身也不是完全自主的：我们身上的一部分程序是数

1 为什么 21 世纪的学习与众不同

十亿年进化的成果。

当今研究的新领域之一是错综复杂的生物学和数字技术。你可能知道埃隆·马斯克的电动车（特斯拉，Tesla）或能够返回地球而不是在太空中分解的火箭（SpaceX）。但你可能并不知道他投资了一家名为"神经网络"（Neuralink）的公司，这家公司假定，如果我们不希望被机器取代，则需要人为地提高我们的能力，特别是在信息输入和输出的速度方面。

目前，我们解释信息的能力优于机器，但是我们传输信息的速度要慢得多。我们依旧受制于口语交流或键盘打字的速度，以及传递给听众或读者的信息的整合能力（如果你说话快一百倍，我们可能会听不懂）。

因此，埃隆·马斯克和美国国防部高级研究计划局（DARPA，1969 年发明互联网的美国陆军机构）一样，正在致力于研究大脑与大脑的直接连接。在医学领域，这些成果是美好的，例如，能够通过将盲人的大脑连接到光传感器，不通过眼睛来恢复盲人的视力。而在军事领域，这些成果就很可怕了。现在已经发明了带电极的头盔，可以让佩戴者在战场上毫无压力地集中精力。英国记者布莱恩·维纳曾测试这套装置，体验令其震撼：他达到了从未经历过的注意力集中，甚至在实验结束后专注力也有所加强（"当离开实验室时，我用我的车，成功地完成了一个不可能的停车位移"）。

此外，也有其他令人难以置信的实验目前正在小白鼠身上进行：佩戴这种头盔的两个人可以通过电极进行交流，电极与计算机相连。瑞士《时报》报道了该研究，项目由美国北卡罗来纳州的杜克大学神经生物学教授米格尔·尼科莱利斯领导，他也是洛桑联邦理工大学的客座教授：他和同事们将一只小白鼠的运动皮层与另一只小白鼠的运动皮层直接相连，以便它们合作共同完成一项简单的任务。两只小白鼠分别被放置于两个可以按下的操作杆前面。对于第一只啮齿类动物——"编码器"——正确的操作杆上方的指示灯是点亮的。

如果选择正确，它将获得奖励。而第二只小白鼠——"解码器"——没有获得任何视觉提示。这位巴西人解释说："由电极记录的电流活动，可以确定编码器选择了左边还是右边的操作杆。"根据不同的信号，计算机向解码器发送一个或两个电脉冲，或者发送一整个系列的电脉冲。小白鼠在奖励的刺激下学习识别什么对应于左边或右边操作杆，直到成功率接近70%的水平。只有在两只小白鼠同时成功的情况下，它们才能获得全部奖励。由此研究人员观察到，通过训练，编码器还学习调节其大脑活动，从而更容易被解读："它以更清晰的方式更快地做出了决定"，米格尔·尼科莱利斯指出。

这些进化（变革）在基础研究、生物医学或军事领域研究的优点是显而易见的。人们可以想象，如果突然之间，我们所有人都通过大脑直接连接在一起，而不是通过智能手机的键盘，就可以具备调动人类集体智慧的巨大优势。但是，你如果像我一样和进化生物学及病毒研究打交道，就会知道病毒总是比保护系统先行一步，我们担心病毒会通过这些新渠道进行传播。这就是生命的故事：伴随着细胞的出现，也出现了病毒、寄生虫、捕食者……

每当我们发明一种在细胞之间或人类之间进行交流、传递信息的新方式时，都会产生信息操纵的新风险。如果这些技术具有积极合作的巨大潜力，那么就必须认真权衡它们的收益和风险。

转变 = 冲突

我们目前正在经历的转变是否会引起不同性质的冲突？一定会的！这并不令人惊讶。这种机制可以追溯到数十亿年前。

我们可以清晰地看到，在当前的诸多转型中，既有赢家，也有输家。特别是在劳动力市场，无论是体力还是智力上的重复性任务，越来越多地依靠机器。因此，迫切需要将道德放在我们所关注问题的核心：正是道德，可以帮助我们在确保理想的情况下，所做的转变

1 为什么21世纪的学习与众不同

对每个人都有利,而不仅仅是对某些实体有利。

这一挑战也触及全球经济不平等。如何才能更好地分配财富?——通过发展教育并确保教育能惠及所有人。个体接受的教育越好,他(或她)就越成功。在国家层面也是如此:人口受教育程度越高,国家经济状况就越好。因此,尽可能普遍地分享知识的成果是我们的集体责任。

当前的转变也有其总体特征。经济学家阿道夫·布朗基早在1837年就将17世纪中叶英国所发生的种种变革称为"工业革命",在一个半世纪内,这些变革使手工业社会转变为由工业、商业驱动的社会。早在那个时代,人与机器之间的竞争就引发了激烈的争端,特别是在19世纪10年代的英国,诞生了"路德主义"运动。这一运动的名称来源于一位可能是虚构的工人约翰·路德,并以纺织工人(织布工、编织工等)的名义损毁了可能使他们失业的梭织机。而他们没有错,这些职业实际上在几十年内就消失了。

从序列到指数

如今,同样的担忧依旧存在。当下最炙手可热的职业在一二十年前可能并不存在,每个人都在推进这种变化的持续,甚至扩大,因为人工智能在很短的时间内取得了惊人的进步。在阿尔法狗击败围棋世界排名第一的棋手——19岁的中国棋手柯洁之前的几个月,有人预测人工智能需要十年时间才能击败这名棋手。众所周知,围棋太过复杂,机器中的算法很难比人脑更好。有趣却同样令人担忧的是,由DeepMind(谷歌旗下子公司)开发的人工智能软件采取的行动"被认为非常糟糕……但尽管如此,它依旧取得了胜利,没有人知道如何解释",2017年5月《世界报》在赛后报道。

为什么我们不能轻易意识到人工智能的全新发展阶段的迫切性呢?因为人工智能的发展遵循指数式增长,而且我们不习惯用这些术语思考，甚至可能无法思考它们。印度智者西萨的传说描绘了指数式增长的疯狂力量，后世广为流传。西萨发明了国际象棋游戏为舍罕王提供消遣，为了表达感激之情，舍罕王令西萨自己选择奖赏。西萨拿来一个棋盘，在第一个棋盘格放了一粒大米，在第二个小格放了两粒大米，他请舍罕王完成剩下的62个棋盘格，每一小格里的米粒数都是前一小格的两倍。舍罕王接受了，而他想象不到自己承诺了什么。

对于做过一点数学研究的人来说，棋盘上的米粒总数为 $2^{64}-1$，因为

$$1 + 2 + 2^2 + \cdots + 2^{63} = 2^{64}-1$$

这个数字是180多亿粒大米，按照每粒大米0.04克计算，总量为7.2亿吨，比1000年大米的全球总产量还多。

长远看技术必占上风

这个传说很好地概括了指数思维的难度。乍一看，它并没有什么，然而某一瞬间它达到了很高的顶点。另一个著名的、与数字转变直接相关、可以体现出指数特点的示例是摩尔定律。现在它已经成为通用表达式，涵盖了工程师戈登·摩尔在1965年提出的一项观察的变体：以恒定的价格，微处理器的运算能力翻倍，其展示了信息技术的指数式发展。

比尔·盖茨曾说：我们高估了技术变革短期和中期的影响，而低估了其长期的影响。由于许多原因，在短期和中期技术变革被高估了，这与技术采用和成熟的速度有关，也与面临这些突变时社会所实行的防御机制有关。简单常识就可以解释这些对技术发展的限制：没有哪个国家会允许其人口在一夜之间全部失业，让机器替代所有人！但是从长远来看，技术是占上风的。这是历史教给我们的结论。

我们距离加速转型有多远？从农业革命到第一次工业革命花了

1 为什么21世纪的学习与众不同

8000年，而第一次工业革命后的120年灯泡诞生了，我们将人类送上月球又花了90年，而在22年后诞生了网络，其后的第9年人类基因组被破译。

这些变化带来的相关挑战，已经通过改善教育得到解决。自19世纪末以来，法国人的平均受教育年限每十年增加近一年。当我的祖父在一个世纪前通过中学毕业会考时，法国人中有1%拥有这个文凭。今天，这个数字达到了80%，而大约有1%的人获得了博士学位。因此，平均受教育程度大大提高了。但与此同时，最负盛名的高等专业学院（尤其是理工学院或高等师范学院）的录取名额却没有相同比例的变化。因此，在我祖父的时代，中学毕业会考通过者进入这些学校的可能性远远高于今天。这种马尔萨斯主义（法国是例外）给教育系统带来了可怕的压力，教育系统更急于将学生分层分类，而不是确保学习的效率和在所有社会类别及地理区域的平等分配。

然而，它也曾有助于吸收工业革命带来的变革和应对20世纪的挑战。新的行业，主要是体力劳动行业，与先前的行业非常接近，因此我们不必进行无休止的培训。如果过去我能够熟练地修理手推车，那么现在可以更轻松地学习如何修理发动机。

培养体系的深度反思

今天，汽车承载了各类电子设备和计算机，但即便受过培训的专业技师也往往并不具备修理它们所需要的知识和技能。未来，当机器能够自行编程时，很难说它们不会在此类任务中取代人类。如果机器取代我们的能力总是更快，特别是，它们比我们发明创新和培训的能力发展更快，那么我们就会明白，接下来面临的挑战不再仅仅是重新思考培养方式或延长学习年限：我们必须重新深入地思考培养体系。

因为，我们所面临的挑战，从性质上已发生改变。

工业革命带来了文化的、技术的、社会的等各种转变，但工业革命并没有像今天那样，与尚处于起步阶段的生物学的转变相重叠。基因治疗旨在通过修改个体的体细胞（那些留在我们体内的细胞）来进行治疗。目前人们还没有对可以传递给后代的生殖细胞进行改造，但这项改造已经在人们的考虑范围。在技术层面上，它看起来并不那么复杂，即便我们还无法控制所有的风险。而其道德层面上的风险却是前所未有的。那些将掌握潜在技术的人的受教育水平，与我们所处的全球变局挑战完全不相称。

我们的学校课程和教育系统尚未意识到，人工智能的进步即将对我们的生活方式、工作方式、消费方式、共处方式和法律规范带来强烈的冲击，同时，它也会不可避免地挑战我们的伦理准则，这是一个非常重要的问题。

正是那些在开发人工智能上部署了最多资源的机构向我们发出了警告。谷歌宣布将在其人工智能上安装一个"红色按钮"：如果机器有能力执行我们意识不到的事情，那么人类可以在任何情况下激活该命令以终止机器的运行。特别是，我们正在努力寻求防止人工智能独立地重新编程，或阻止总是要求更多能量以确保其系统运行，并防止它在能源资源分配方面与我们的意愿相冲突。

智能的伦理与未来

简而言之：研究人员知道，即使离当前还很远，但电影《终结者》中的场景也不再只是科幻小说范畴。我们可以自我宽慰，毕竟谷歌已经成立了一个道德委员会。没错，但是这个道德委员会是隐匿的，除了谷歌内部，没有人知道他们的决定。

这个问题非常严重，以至于联合国已经采取了行动。它正在考虑派代表入驻数字巨头的道德委员会，或加入他们就这些问题建立

1 为什么 21 世纪的学习与众不同

联盟。我们如何确保技术进步能真正惠及每个人，而不仅仅是少数人，甚至是机器本身？我们可以在机器的编程中融合伦理标准吗？如果可以，我们能保证机器不会在某一天销毁伦理标准，并定义它们自己的规则吗？

由于技术发展已经变得极其复杂，即便在全球范围内，也很少有人能够了解正在进行的技术发展。但是我们仍然有时间来预测它们：就目前而言，机器将继续执行我们编程设定的目标；人工智能仍然依赖于对其编程的人类智能。但这又能持续多久呢？

遗传学的发展带来的问题也令人眼花缭乱。2016 年 6 月，数十位美国科学家曾在哈佛在"人类基因组编写计划"框架下围绕《从科学的角度来看，"重新编辑"人类基因组有意义吗？》的议题举行秘密会晤。正如《世界报》当时所解释的，"这一次不再是读取 33 亿个碱基对组成的核苷酸序列——每个人的遗传基因中由 A，T，C 和 G 组成的庞大序列——而是要改写、合成，使其在细胞中表达"。要明确的是："人类基因组编写计划并非旨在重造人类，而是为了'培养可移植的人体器官；在基因已重新编码的细胞系中培养对病毒的抵抗力；在细胞系中导入癌症抗药性；使用人类细胞系和器官加速开发有效的疫苗和药物'。"当然，人类基因组编写计划首次会议的机密性加深了人们的怀疑，而且一部分学术界的人坚持，道德的探讨应该在这样的项目起始之前，而不是伴随其产生。特别是由于某些人可能会试图编辑人类基因组以提高我们的能力，甚至是我们的智力，以"留在比赛中"。

当月，还有一项关于机器人的研究发表，机器人不仅可以生产其他机器人，即实现自我生产，而且还可以利用重组的基因组做到这一点。这些机器人有一个父亲的基因组，一个母亲的基因组，并且这两个基因组会像在动物体内进行有性繁殖一样随机重组，生下的婴儿机器人不会只具有与父母相同的特征。这是为了使它们能够像动物或人类一样进化。

在此我们谈论的不是计算机机器人：计算机算法的性别已经存在了数十年。我们说的是带有3D打印机的实体机器人，它们可以自行构建并打印出自我复制所需的零件。正是如此，这项研究的科学价值也是毋庸置疑的：它可以设计出越来越适应复杂环境的机器人。但没有人能够预测这类机器人的进化将会走上什么道路。

这些发展涉及四个长期封闭的领域，科学家们正在将这四个领域联系起来，并将其命名为"横跨大西洋的NBIC"，其中一些人承诺，未来的技术革命将在领域的融合之中诞生。其中，N代表"纳米技术"，这些无限小的技术（1纳米＝十亿分之一米，相当于一根头发被切割成10 000份）是必不可少的，尤其是对提高计算机的计算能力而言；B代表"生物技术"，用于分析我们的基因组，重新思考它们，重写它们；I代表"信息技术"，它既可以帮助理解其他领域，也可以作为一门独立的科学技术；C代表"认知科学"——研究我们大脑中所发生的一切。

病毒始终先行一步

他们的下一个目标是设法实现人机结合，换句话说，就是将我们的大脑直接连接到计算机上。

但是我坚信，如果我们的大脑通过电极直接连接到网络，那么很快就会有人制造出操纵大脑的方法。就像生物病毒可以进入我们的大脑并改变其行为一样，我们也将面临新形式病毒的风险，这些新型病毒会通过网络传播，并操纵我们的大脑。看看社交网络诞生以来，通过"推特"或"脸书"传播的种种操纵行为，特别是所谓的虚假新闻，这种虚假新闻旨在改变我们如何看待世界，从而改变我们思考世界的方式。想想希特勒、墨索里尼如何通过不太先进的技术来篡写历史以操纵民众。再想想"极端组织"如何通过认知技能和网络力量吸引年轻人，以便更好地操控他们。

1 为什么21世纪的学习与众不同

未来，如果我们都和网络直接相连，那我们怎么判断某个想法是自发出现的，还是被某个想要操控我们的人植入我们大脑的？而且，与社交网络不同的是，仅仅通过批判性思维，或者简单地关闭手机切断连接以摆脱这些有害影响，是远远不够的。

作为生物学家，我可以再次强调，病毒几乎总是比防护系统领先一步。你只需要阅读报纸，每周都能看到相关的例子：尽管某些知名网络声称进行了多重防护，但黑客却依旧突破了限制，窃取并分享了受保护的数据。

由历史验证过的事实，在未来再次发生也在所难免。如果不理解它，我们将是不可原谅的。因为我们早已意识到即将到来的变化的严峻性，甚至可能比人类意识到的口语或文字的诞生在当时引起的剧变要严重得多——我说的不是同样重要的变化，而是在任何实体中变化，例如生命、神经元的出现或大脑的形成。

这些观点可能看似遥不可及。就像印度智者西萨对舍罕王所要求的报酬人们看来无足轻重一样。指数增长的本质在于其疾速性。以科幻电影《千钧一发》为例，它设想了一个世界，在这个世界中从出生起遗传基因就决定了每个人的命运。1997年当电影上映时，它还只是科幻作品。但在今天，从技术上讲，我们几乎可以实现电影中的任何桥段。

我本人也是亲历者。20世纪90年代初，当我开始专注于生物学研究时，我们正痛苦地试图理解许多现在众所周知的事物，例如使人更容易患癌症的机制，或者抗生素耐药性的进化，那时我们才刚刚开始制造转基因生物（GMO）。同样，当我第一次听说"NBIC会聚技术"时，我并没有真正相信它，因为彼时科学仍然是非常细分的。几年后，在我的实验室里有来自纳米技术和计算机科学领域的人员，我们共同进行生物学研究。再举一个令人震惊的例子——基因组的解码。2013年，即使在硅谷，以1000美元的价格成功解码一个基因组，对研究人员而言也是寻找"圣杯"似的假想。不得不提到，历史上首次解码基因组的成本已经高达数十亿美元。如今，它的价格仅为200美元，而且成本下降速度甚至更胜于摩尔定律。简而言之，有一些技术进步的影响很难评估，因为我们已经习惯了线性变化，而这些变化的速度是指数级的。

谷歌公司技术总监、硅谷"领袖"雷·库兹韦尔也对此进行了解释。根据他的说法，计算机，特别是量子计算机，将继续取得实质性进展，因此在2045年（他预测的日期是相当具体的），机器的计算能力将达到比我们个体，甚至可能比我们作为一个集体的计算能力更强。他对这个被他称为"奇点"的临界点进行了理论分析，并与硅谷公认具有影响力的企业家一起创建了"奇点大学"，对高级管理人员和学者进行"指数"思维的培训。"千禧派"的此番作为激怒了"笛卡儿精神"，其"商业"维度也冲击了公共服务意识，以及与科学知识之间不偏不倚的公正关系，但它的优点是揭示了正在进行的数字化变革和遗传基因突变研究的紧迫性。

在我看来，我们需要的不是一所"奇点大学"，而是"多元大学"。"多元"是指从技术进步的多元观点以及地方多元化的角度看问题，使得我们能够同时着手理论知识、创制知识和实践知识，并建立真正使所有人受益的机制，为这些主题进行民主、透明的辩论提供沃土。如今，由于大学之间的隔阂和许多科学家不愿跨越学科领域的壁垒，这种辩论是极少的。然而，我们必须共同思考一个世界，在这个世界中，机器将在不计其数的体力和智力任务中超越我们；在这个世界中，有些人希望将他们的大脑"下载"到机器中并且可能以这种方式获得"永生"。而这样一个世界即将到来。

赫拉利在最新著作中提到了人类创造"上帝"的幻想——智神，这也出现在该著作的书名。"上帝"与古代众神有什么区别？首先是无所不知，其次是永生不朽。借助数字技术，全知几乎可以实现。那么就差获得永生，人类就能成为全能的"上帝"。

在创造了"智神"之后，有些人开始想把自己变成神。

1 为什么21世纪的学习与众不同

重读与连接

数字转型与宗教的（重新）崛起同时发生并非不足道。从词源上看，"宗教"一词来自拉丁语 *religere*，是连接和重读的意思，这两种意义共存。今天，在重读方面，宗教已经让位于科学。我们已经从"创世纪"和"在六天内创造地球和人类"的神话转向了一个基于科学假设的故事。130多亿年前的大爆炸；45亿年前地球行星的形成，然后数亿年后生命的出现；280万年前人类的出现；30万年前智人的诞生。

但科学也描述了我们之间的联系，它表明人类有惊人的相似且混合的基因遗传。我们拥有的共同之处远胜于差异，对于我们的表亲类人猿来说也是如此。在漫长的历史中自我定位和自我思考，有助于我们进行自我衡量。

还有一种我非常欣赏的，有助于理解我们的历史、我们共同的命运，且相对客观的方法，是由美国天文学家、天体物理学家、科普作家卡尔·萨根提出的。1990年，他让美国航空航天局用旅行者1号探测器拍摄了一张地球照片。这张著名的照片名为"暗淡蓝点"。他是这样评价的：

再看看那个光点，它就在这里。这是家园，这是我们。你所爱的每一个人，你认识的每一个人，你听说过的每一个人，曾经有过的每一个人，都在它上面度过他们的一生。我们的欢乐与痛苦聚集在一起，数以千计的自以为是的宗教、意识形态和经济学说，每一个猎人与粮秣征收员，每一个英雄与懦夫，每一个文明的缔造者与毁灭者，每一个国王与农夫，每一对年轻情侣，每一个母亲和父亲，满怀希望的孩子、发明家和探险家，每一个德高望重的教师，每一个腐败的政客，每一个"超级明星"，每一个"最高领袖"，人类历史上的每一个圣人与罪犯，都在这里——一个悬浮于阳光中的尘埃小点上生活。

在浩瀚的宇宙剧场里,地球只是一个极小的舞台。想想所有那些帝王将相杀戮得血流成河,他们的辉煌与胜利,使他们成为光点上一个部分的转眼即逝的主宰;想想在这一个像素大小里某个角落的居民对某个别的角落几乎没有区别的居民所犯的无穷无尽残暴罪行;他们的误解何其多也,他们多么急于互相残杀,他们的仇恨如何强烈。

我们的心情,我们虚构的妄自尊大,我们在宇宙中拥有某种特权地位的错觉,都受到这个苍白光点的挑战。在庞大的包容一切的暗黑宇宙中,我们的行星是一个孤独的斑点。由于我们的低微地位和广阔无垠的空间,没有任何暗示,从别的什么地方会有救星来拯救我们脱离自己的处境。

地球是目前已知存在生命的唯一世界。至少在不远的将来,人类无法迁居到别的地方。访问是可以办到的,定居还不可能。不管你是否喜欢,就目前来说,地球还是我们生存的地方。

有人说过,天文学令人感到自卑并能培养个性。除了这个从远处拍摄的我们小小世界的图像,大概没有别的更好办法可以揭示人类妄自尊大是何等愚蠢。对我来说,它强调说明我们有责任更友好地相互交往,并且要保护和珍惜这个淡蓝色的光点——这是我们迄今所知的唯一家园。

是否存在一个思想星球?

当想到这类话题时,我有时会想,除了我们,其他生命形式是如何在其他环境中进化的。激发想象力和走出我们所熟知的系统的一个有趣的方法是,问自己是否有一个思想星球,在那里我们以不同的方式组织思想的流通,它们的发展,以及它们与有思想的人的共同进化。

我们可以想象新形式的《波斯人信札》——孟德斯鸠的这本名

1 为什么21世纪的学习与众不同

著为了不加粉饰地描述他那个时代的现实，假装从遥远的波斯借来了一位坦率的旅行者的眼镜。每个人都可以玩这个小游戏，它会给青年人或更年少的人带来令人信服的结果，包括重新思考我们的教育系统或社会其他方面的组织。参加"科学学院"项目（我们将在后文再次谈及这个项目）的高中生们甚至创作了关于这一主题的戏剧场景和音乐剧，从而重温了我们这个星球上的思想史。

开设一种"未来可能的公民科学"，特别是邀请下一代来进行这种训练，以帮助他们思考新的乌托邦，可能是一个有趣的活动。在这些乌托邦中，就像他们的先行者托马斯·摩尔一样，发明了其他形式的组织来帮助我们共同思考未来。

显然，预测未来绝非易事。如果我们在过往历史中洞察未来出现的方式，可以从中发现一些教训，而这些教训很可能明天被证明是正确的。其实至少有一部分即将来临的世界已经存在，只是分布不均，在各种想象中或在尚不为人所知的项目中就藏着"金矿原石"，也不是不可能，但是我们必须知道如何找到它们，重新组合它们，使它们适应新的环境，以便它们能够发展。

这些未来的探险家不会是最先质疑其他世界或我们世界的人。人类始终需要建立联系和重读历史，无论是通过创世神话还是科学数据。随着我们对历史的认识不断加深，科学认知向宗教提供或施加的故事发起冲击，破坏了后者建立生活戒律的伦理基础。如果创世神话的故事是不可信的，那么基于这个故事的信仰所建立的法律怎么会是正当合理的呢？

然而，由此产生的知识和理性也未能逃脱指责与批评。美国心理学教授乔纳森·海特致力于研究道德行为及其进化根源的多样性。他说，我们是有道德的人……却不能理解别人在道德上可能与我们存在差异！其他研究人员如雨果·梅西耶和丹·斯佩伯则认为，这可以用究竟是什么推动了我们理性的进化来解释：不是追求绝对意义上的理性，而是追求能否拥有一种理性，能够最大限度地为我们个人或集体的信念进行辩护。

简而言之,不管有没有"上帝",我们都需要知识,让我们能够重读个人或集体的历史的知识,并将我们彼此联系在一起。在这里,我们又回到了赫拉利在《人类简史》中提出的核心观点:人类比其他物种更了解如何开展合作,但最重要的是,由于其极其先进的语言,我们知道在目标的基础上和在目标的名义下进行合作,这些目标只有在我们中足够多的人相信的情况下才有意义:商业、机构、共和国、宗教、金钱、文凭,等等。

只有我们之中有足够多的人相信这些共同的故事,以上的所有才能够成立并发挥作用。因此,也许一些人对历史的依恋可以被视为一本"民族小说":对他们而言,无论是刚刚来到法国,还是祖先就已经生在那里,他们对同一个群体的归属感来自于我们拥有同一个高卢祖先的信念(对他们来说,高卢人19世纪末的历史被重新改写,扭曲史实也是无所谓的,只要是为了锻造一种民族情感,可以完全忽视历史学的严谨)。

如何(重新)找到理论知识、创制知识和实践知识之间的平衡,并着重突出后者呢?

在回答问题之前,请允许我用几页纸来简单介绍,再向你详细讲述,就像社会学家常说的,"我从哪里说起呢"。

2

我学到了什么

这本书与任何书籍一样,都借鉴了作者的人生经验(无论可接受与否)。我作为一名曾经的学生、一名曾经的大学生、一名父母和一名研究人员写下此书,这四个身份紧密相连,在我的人生旅途中这些阶段存在着连续性。我的人生旅程独特在几个关键时期,这也是我要向你们传达的,它们是如此重要以至于决定了我生活的延续,也奠定了我撰写本书的决心。在经历这些关键时期时,我还不能认识到它们的重要性,但是所有这些经验的积累,在很大程度上定义了我今日的成就,本书也在一定程度上证明了这一点。在体验中学习。不同知识领域之间的对话。探索前所未有的组合——无论是了解细菌、开发大学课程、定义研究对象……在不被行政、历史、政治或大学课堂的武断所束缚的环境中追求思考和行动的独立性。

我从日复一日的生活中学到了很多经验。以下就是这些经验,以及生活经历是如何教会我这些的。

从幼儿园到大学,遵守规范一样重要

我是一名好学生,也是一名优秀的大学生。但从来不是班上第一名。初中四年是我人生旅程中至关重要的一段时期,这所初中后

来被列入优先教育区,甚至因为其安全性亟待改善而一度关闭。它位于阿维尼翁南部的蒙克拉尔,在我8岁时我的家人搬到这里定居。学校里有敲诈勒索、打架,有时我也是受害者,特别是我跳了一级,10岁就进入了这所学校,而有些初中一年级学生已经14岁了。然而,我对这段经历保持着美好的回忆:我在那里建立了最忠实的友谊,那里的老师也很棒。自此,与平民街区的儿童或青少年之间的熟悉感始终存在。沮丧的是,有些学生的能力并不比其他人差,但却因为没有达到学校期望的行为准则而被开除。

随后我去了米斯特拉尔高中,这也是我所在学区的学校——我的父母遵循学区政策。在我的学习经历中,有一次在数学课堂上的喋喋不休导致我的数学成绩是操行零分,这也计入我的平均分中,几乎使得我没法在高二选择理科。但年复一年,我知道不能逾越的界线在哪里,并最终通过了教育系统的"卡夫丁峡谷",这个系统对服从能力的回报远远超过了创新或交流的潜力。

我的一些同学,无论是在高中还是初中,都没有掌握这项社会技能,并为此付出了高昂的代价,这给我留下了深刻的印象。

没什么比下棋更重要

国际象棋可能是我在8~16岁期间唯一认真练习的智力活动了,这些年里,我赢得了连续几个年龄段的普罗旺斯冠军。我是由雅克·蒙塔尼亚克启蒙的,他是我父母的朋友,曾获得法国少年赛冠军。很快,国际象棋就成了我锻炼智力的主要活动,特别是在我很快融入了成人训练小组之后。我甚至参加了成年组的比赛,这项活动在之后的时光中帮助我将专注力保持在目标之上,而不会被所面对的人干扰。我还记得有个女人曾把烟圈吐向我脸上。我让裁判员介入,制止了她。她心怀不满,最终输了比赛。当我还是一名高中二年级的学生时,我甚至和我的法语老师萨沃勒先生有过一场对弈。我们打成平局了!

2 我学到了什么

但这种气氛对我来说非常特别,尤其是在其他学生的注视之下。

直到 15 岁左右,我才发现这个游戏的所有象征意义,既有战术上的,也有精神分析上的……那个国际象棋巅峰的时代,大型赛事能够登上新闻头版,有陷入疯狂的美国冠军鲍比·费舍尔这样丰富多彩的人物,电影《弃卒》演绎了他的故事。

人类可以成为机器的主人

国际象棋还给了我一份珍贵的礼物,给我留下深刻的印象:与计算机相遇。在此提醒年轻读者,在 20 世纪 70 年代中期,个人计算机尚处于起步阶段。我祖母买了一台,它配备了一个也是唯一一款国际象棋游戏软件"国际象棋挑战者",我能够成功击败它(这是一种年龄的特权,我们也经历过人类可以击败软件的时代!)。与我不同的是,我的父亲作为一名优秀的大学教授,他下棋的方式非常有条不紊——阅读国际象棋书籍,在特定的开局上涂黑棋子——而我的方法更直观。

机器不总是会赢的想法已经深深地嵌入我的脑海。因此,数年后的 1997 年,当俄罗斯冠军加里·卡斯帕罗夫输给了 IBM 团队设计的"深蓝"计算机时,我可能比其他人更快地衡量出了后果。

高中最后一年,我进入享有盛名且要求严苛的路易大帝高中,也就此终结了我的国际象棋之旅。我见过一些比我年长的优秀棋手,试图转入职业道路。我可以预见到这条路非常狭窄,我不想当国际象棋老师。但最重要的是,我终于在学业中发现了一种与国际象棋旗鼓相当的刺激感与兴奋感——手球。

这项运动也陪伴了我多年,从本质上说,手球比国际象棋更具有集体精神,这给我带来了很多好处。从初中开始这项活动后,我和朋友们在阿维尼翁我家门前街角尽头的体育馆,发现了一支女队在那里训练。她们的教练同意,如果我们召集十几个同龄男孩,就可以让我们练习。那时在一起打球的几个朋友,直到今天我们也非常亲密。高中一年级,尽管是沃克吕兹省最终摘得普罗旺斯冠军,但我的竞技能力已经达到了一定水平,有人建议我去马赛接受体育专业学习,可是我不想住在寄宿学校。高中最后一年,右手拇指连续两次骨折迫使我停了下来,因为我甚至一度不能写字,我不得不参考一位善良同学的笔记,而这同时也教会了我,哪怕不写字,一个人依旧能够学习。正如高中最后一年和我们在一起的丹麦朋友肯尼斯解释的那样,在丹麦,学生们无论如何都不需要抄写教材中已有的内容,而是被引导着讨论和应用课程的内容。

过度竞争并不总会产生最好结果

17岁时,我去了巴黎,进入路易大帝高中的寄宿学校。在那里,像很多备考生一样,我几乎停止了一切活动。30多年过去了,我仍然记得在那里的第一次数学考试,我只得了糟糕的4分(满分20分)。我沿着索弗洛路向下,走到了附近的卢森堡花园,躺在草地上,花了一小时想该怎么办。我准备好做出那么多牺牲了吗?要融入这种给一届又一届的学生如此糟糕的成绩,而不考虑他们之前的水平如何的侮辱性的体系吗?最后,由于找不到更好的事情做,我沿着索弗洛路上行,继续学习。但绝不强迫自己。直到距离高等专业学院入学竞考还有四个月的时候,我的一个朋友使我振作起来——她是我的数学老师之前带过的学生,在前一年的竞考中失利了:"如果你现在不认真学习,那你留在这里有什么意义?"

我之所以听进去这句话,是因为我的个人情况变了。

我的母亲两年前得了重病,父亲即将接受一次大手术。18岁的我突然想到,如果出了问题,我不得不照顾我的三个妹妹,分别是16岁、14岁和8岁的安东妮亚、安吉拉和朱莉娅。这也帮助我迅速将目标锁定为一所向学生提供资助的学校——如果最糟糕的情况发

2 我学到了什么

生了，我将不得不即刻开始谋生。

集体智慧，这个星球感念你们

这些年来，我经常路过高中旁边的先贤祠。反思石柱上镌刻的铭文："伟人们，祖国感念你们。"一到巴黎，我就参观了这座我们国家历史上的高地。在这里可以探索到这座希望缅怀先贤的"世俗化的圣殿"中的革命精神，这座圣殿旨在纪念一个民族的伟大人物。直到最近，人们质疑进入先贤祠的女性比例过低，这本身就是对女性的历史贡献缺乏认可。在我看来，如果我们要创新，建造一座现代的先贤祠，那么要从几个方面考虑一个更广泛的铭文。"集体智慧，这个星球感念你们"可以同时强调，一方面，大多数伟大的成就事实上是女性和男性共同努力的集体成果；另一方面，我们时代的真正挑战则应在全球层面上思考。

我不会屈服于专制的权威

为了考入巴黎综合理工学院这所极具声誉并且是法国最杰出的工科学校，我不得不参加一项考试，如今这项考试已经被取消了。对那些笔试成绩极其优异而不会被淘汰，但又不足以在大型口试直接录取的考生，这项考试在某种程度上相当于口试补考。我做了自我介绍，并把我的身份证交给了考官。他没有接，盯着我说："先生，您通过了理工学院的口试，请不要这么随便。"我不明白。他重复了一遍，再次提高了音调。我意识到他在指责我把左手放在裤袋里。就像下国际象棋一样，为了保持头脑冷静，我把左手放在右臂下一个小时，然后尽我所能地解出他给我的方程式。再一次，即使是在学校教育的顶端（如果我们附属在这些层次分明的等级制度之中），选择也是在一定程度上基于对权威的服从，基于对标准的遵守，而不仅仅是

21世纪的学习

能力——在这件事上是解决数学问题的能力。

这件事本应给我敲了次警钟：我在这所极具声誉的军事学校完成学业期间被罚了共计45天禁闭——是我们这届学生的纪录保持者。

和在预备班时一样，我时常怀疑自己是不是在合适的位置上。我们已经开始上课了，在米勒瓦什高原，在中央高原，有几次挑衅，我已经在这种"我们盯着你呢"的气氛中犹豫不决了。然后我在德拉吉尼昂的炮兵学校待了四个月。在那里我也遭遇了等级制度，因为我拒绝购买学校徽章而被上校传唤。

我仍然记得那场荒谬的"聋人对话"：

"上校，有明文规定购买徽章是自愿的。"

"每个人都买了。没有徽章不太好。"

"也许吧。但这依旧是自愿的，我看不出花钱买它有什么意义。"

"你买得起！你会收到军官工资！"

"是的，但这更多是原则性的问题，这样那些不一定有钱的人可以反对这种习俗。"

"你也说了！这是一个习俗。这很重要，习俗，军队里的习俗。"

"这是一个习俗……自愿的习俗。"

那天我没有被关禁闭，但是这场唇枪舌剑却让我出了名……

这个环境致力于让我们屈服于权威，而几个月后，我开始认识到它可怕的效果：大多数同学真真切切地进入了其行列，有的再也不会离开！起初看起来最倔强的学生一旦成为军官，也开始醉心于玩弄等级制度。

服军役的这一年以及我在理工学院的几年，我深刻认识到我对专制的权威心怀很大不满。到达巴黎综合理工学院时，我们接受了一系列心理测试。出于好奇，我向在校园工作的三位心理学家询问了我的分析结果（后来我才知道，由于这套培养体系对心理造成的损害，以及预备班和巴黎综合理工学院的高自杀率，我们就像炉子上的牛奶一样受到监控）。虽然在大多数标准上，我的素质是学生群

2 我学到了什么

体的中位数,但我确实比其他人更具文学素养(山中无老虎,猴子称大王),真正令我与众不同的,是我对权威的质疑能力。也许我有一种直觉,正如米歇尔·塞尔所指出的那样,真正的权威使人成长。然后我明白了,如果说我是一个通情达理的孩子——不会以青春期叛逆面对给予我爱和独立自由的父母——是因为我从来没有得到过真正的命令,他们总是花时间去给我讲道理。

这一特点与接下来我在教育方法上的倾向不无关系,我青睐于那种有助于释放个人潜力并同时锻造集体精神、全方位充分发展的教育方法。

学会提出正确的问题比储存现成的答案更可取

万幸的是,除了军事方面,巴黎综合理工学院还是具有相当的开放性。首先是强迫我们不再过度关注数学和物理学,我们之中一些人在准备竞考时,就已经对这两科消化不良了。此外,我们被强制要求学习其他学科,选择不限于所谓的"硬科学"(数学、物理学……),而且教师的水平是非常高的。在这里,我们和马克·费罗学习历史,向伊丽莎白·巴丹特学习心理学,向埃尔韦·勒布拉学习人口统计学,并在英语课上学习希区柯克的悬念艺术。我逐渐迈向我的专业:生物学。

在第一年,我得知理工学院所隶属的国防部计划建立一个生物医学应用领域。我提出申请,并与大约20位同学一同访问了巴黎的几家军队医院,为期一个月。上午我们在医院部门工作,下午在科研实验室做研究。

我那时还不到20岁,正在探索今天已经广为人知,但在30年前却是全新的研究领域,例如朊病毒,一个五年前创造的术语,用来描述一种新发的动物流行病的病原体,对普通公众来说,这种疾病被称为疯牛病;艾滋病,它的逆转录病毒起源直到不久前才被确定；核磁共振技术（MRI），当时极其昂贵且未得到广泛使用（1983年，我母亲不得不去纽约进行治疗，因为MRI技术在法国尚不存在）……

我对此十分痴迷。接待我们的研究人员有求必应，热情洋溢。我们用各种问题对他们展开轰炸，有时他们会坦率地承认自己的不足："我们没有这个问题的答案，但我们需要像你们这样的年轻人，有朝一日帮助我们找到最终答案。"他们诚恳地回答。我知道，尽管我大量学习数学和物理学，但要进入这些学科的高水平基础研究，仍然还有很长的路要走。现在，这些科学家向我们张开双臂，邀请我们参与刚刚开始探索的生物医学研究。

当我踏上这条路时，我不得不停止作为工程师的模式思考，学习作为一名研究人员的思考方式。工程师寻找解决方案；而研究人员要寻找正确的问题。在实验故障时前者会很懊恼，后者则雀跃无比，只要这种故障是史无前例的——这意味着存在新的可能性，于是有利于耕耘新的知识领域。

不幸的是，学会提问并不是法国教育系统的主要优势，有两件小事使我相信了这一点。

儿子博斯科和我上的是同一所幼儿园，在巴黎近郊马恩河谷省的圣曼德市。仿佛我像鲑鱼一样，回到了成为父亲之前的童年时代。在那里，他遇到了和我童年时同样的问题，这个问题导致我在两岁进入小班时不得不复读：掌握不好书写的基础手势。老师们非常担心，以至于当时我的母亲觉得有必要报名参加手工和绘画工作坊，这样我就可以学习如何使用圆珠笔和画笔。

30年后，场景再现，但此时我是以父亲的身份出场。我没有因为这点问题而受到太大的影响，而是试着把这个问题最小化。"你的学业没有因此而受到阻碍吗？"老师问我。为了避免制造不必要的紧张气氛，我不敢耿直回答，说在巴黎理工大学的入学竞考中没有剪纸测试……但我再次意识到，当一个人不符合标准时，肯定很快

2 我学到了什么

会被排斥。

3年后,博斯科进入了小学一年级,开学几天后,我参加了第一次家长会。他的老师告诉我:"他很可爱,但是他问了很多问题。"作为一名研究人员,我倾向于认为这是一种优点,甚至可能是最大的优点。但老师的"但是"使我不悦。我的儿子会因为他问问题而变得不那么可爱?我试图弄清楚这件事。

"他的问题与课堂不相关?"

"不,不。是关于课程内容的问题。"

"那他向同学提问?分散了他们的注意力?"

"不,他都是向我提问的。"

"好的。那么有什么问题呢?"

"嗯……他总是问问题。"

一方面,我在内心里同意老师的观点。也许是博斯科做得太过分了。也许老师也不能总被打断。我亲切地建议儿子,如果他有任何问题,把它们放在记忆的角落里,晚上回家再问我。我很欣慰他在这所学校仍然感到舒适和快乐。简而言之,我的反应和许多家长一样,支持了学校的行为。但这一小事件,以及其他细枝末节让我意识到了一个将提问视为问题的体制的荒谬之处,尽管它本身也是一种解决方案。

孤立地看,这件小事不足以谴责教育系统。

当然,学习如何清晰地书写很重要,我因为潦草的字迹总是失去可怜的几分。同样,教师必须能够完成课程的某些环节,而不被反复打断。但从长远来看,这些细节的积累最终形成了一个系统:与从小向孩子灌输以及向其父母传递的信息相反,通往知识的路不只一条,而且许多成年人对学习行为的复杂性也不具备足够的训练和认识。

当世界在慢慢变化时,这已经足够了。但由于当前世界正在加速变化,这远远不足。当获取信息和教育的机会增加,情况就更不一样了。我怀疑，无论是在法国还是在其他地方，公民们是否仍然认同这样一种政府制度，在这种体系中，精英政治体制将精英与"知识分子"区分开，后者被赋予独自做出知情决策的责任。我甚至不确定，在过去，除了决策者，这种幻想是否存在于其他地方！

如果有且仅有一个（重新）建筑基础的想法，那就是：从幼儿园至博士教育再到终身学习，整个教育系统的所有智慧和精力都必须集中在"提出疑问"上。我们生活在这样一个世界里，知识发挥着比以往任何时候都更重要的作用，我们需要创造新的知识，寻求新的解决方案。

这个想法并不新鲜。苏格拉底是第一个，也可能是最好的辩护人。他挑战权威的方式无疑给他带来了不幸的结局。在那个时代，质疑的意愿绝不能够涉及权威。大众观点也带有这种不信任感。在法国，我们对孩子说："好奇心是一个丑陋的缺陷"（英国人说"好奇心害死一只猫"）。

我们都需要仁慈的导师

从理工学院毕业后，我进入了国立水林农村工程学院。在这一领域，除了我在理工学院时访问的实验室，我还拜访了大约40个研究实验室。理工学院的声誉为我敲开了所有的大门：不管是对是错，实验室老板们认为理工学院毕业生可以适应任何环境。我拜访了历史学家、经济学家、水文学家、遗传学家……每次访问结束时，我都会问："除了您的实验室，您还建议我参观哪个实验室？"从某一刻开始，答复汇集到同一个人："见见米罗斯拉夫·拉德曼。"我听从了建议，并且遇到了拉德曼，很快我就像其他人一样叫他米罗。他成了我的导师。

米罗，一个传奇。20年后，我有幸对他做出评价："是一个量子级的存在……有一定的概率出现在特定的地方，但永远不会出现在

2 我学到了什么

我们期望的地方。"2011年,我在《世界报》如此总结其成就:"他追踪DNA的秘密,揭开进化的奥秘。他在'DNA修复系统'上的发现进入了每一本生物学教科书:允许细胞通过发生突变来应对重大损伤的SOS反应;以及与之成镜像效果的碱基错配修复系统(MMR)可以纠正DNA复制错误。"

科学真理是暂时的

在开始和米罗做论文之前,我在巴黎南大学取得了细胞和分子遗传学的高级研究文凭(DEA,相当于当前的硕士二年级),其中涉及的教学方法已经与其他地方的教学方法有了根本性的不同。尽管我从未学习过遗传学,但有人告诉我这一学科不会有传统意义上的课程。相反,学生在三个不同的环境中进行三个实习。学生还要完成论文分析,这是我在理工学院熟悉的一项活动(为数不多的能够锻炼批判性思维的练习之一),每体验一次我都会更加喜爱这项训练。它包括在给定的语料库中追踪近似或冲突的推论。这是除体育外,我能够在生物学和经济政策分析方面最擅长的项目。经验告诉我们,科学不只是像数学那样,仅仅揭示每个人都能看到的东西。科学真理是暂时的,尤其是在实验科学中。我们摸索,我们犯错,我们重新开始。不断地重新表述问题,这种调查研究的方式总是令我充满热情。

学科之间的壁垒是要跨越的

我的第一个研究项目集中在艾滋病上。该领域的不同研究者之间的隔阂,最初令我感到震惊。第一次参加国际代表大会时,我与南美活动家们更加亲近——我的葡萄牙语和西班牙语足够交流,因为之前几个夏天我曾在拉丁美洲实习。我是唯一与他们互动的学者!

我了解到，如果想挽救生命，我可以选择创建一家生物技术初创公司，冒着可能不得不听从于股东的一切决定的风险，在不一定拥有足够资源的情况下进行公共研究；或者转变为行动主义，在里约热内卢或其他地方分发避孕用品。之后，我会一直不断尝试建立其他方面的机制来绕过这些障碍。

作为一名研究人员，我应该感谢这种跨学科合作的优势。

我在四年中换了四次论文题目，这通常是大忌。最终，我完成了一篇质量尚可的论文，仅此而已。但在完成论文的过程中，我找到了对我而言真正有趣的研究途径，并对它们进行了钻研。两年后，也就是1997年，我在一些最顶尖的国际期刊上发表了论文，包括《自然》和《科学》，这并不多见，就我而言，从那以后也未能重现。这些成就不是我一个人得到的。我建立了一个交叉学科的社群，汇集了抗生素抗药性、毒性、进化、医学、食物链细菌、遗传学或系统发生学等方面的专家。

错误不总是敌人

在这项研究中，我们检验了细菌如何进化。具体来说：细菌如何变得更具毒性或对抗生素更具抗药性。我们已经证明，细菌进化的速度是可以演变的，特别是在承受压力时期，例如抗生素治疗对细菌造成的压力。当过度使用抗生素时，不仅会增加目标细菌产生抗药性的概率，而且还选择了可能产生更多抗药性的机制，使得药物的有效性随着我们的使用而降低。这是因为我们知道细菌的适应能力总是增强得更快，因此，医生告诉你不应服用过多的抗生素。这就是所谓的二阶进化。一阶进化解释了细菌对抗生素的抗药性。二阶进化则描述了细菌如何产生"可进化性"的机制，这种可进化能力将加速抗药性的出现，并影响毒性的进化。

细菌如何进行自我保护，并激活新的策略以产生抗药性机制？

2 我学到了什么

这是通过在繁殖方式上犯错。如果细菌以同样的方式繁殖，抗生素就会消灭它们。因此，为了进化，细菌必须改变。为了改变，就必须犯错，令细菌繁殖的"分子保真机制"失活。米罗在另一种情况下发现了此类机制，并且，当细菌在人体内发生突变而触发某些家族性癌症时，此类机制也参与了其中。

简而言之，为了进化，就必须犯错误。为了更快地进化，就要犯更多的错误，细菌的行为有点像彩票玩家通过购买越来越多的彩票来增加中奖的概率。

"养育一个孩子，需要全村的力量"

刚开始获得这些研究的奖项时，我35岁，是一个年轻的父亲——我的儿子博斯科4岁，女儿索菲亚2岁。这些细节并非无足轻重，因为这本书也是我以父母的身份写的。如果没有孩子，我很可能不会和他们一起重温我的人生旅程了。他们的母亲安杰拉是华裔，她让我发现了很多东西，尤其因为她是研究跨文化和亚洲语言的。

因此，我们的孩子有机会在两种文化中成长。当然，这笔财富也引发许多问题：应该提倡什么？为什么我们从一个国家到另一个国家，从一种文化到另一种文化，从一个家庭到另一个家庭会有不同的态度？我们的家庭亚洲之行提供了诸多机会，可以探索教育实践、学校日常、大学和家庭等各方面的异同。这不仅使我回想起自己的求学生涯，还让我意识到文化丰富性和家庭贡献，以及曾经爱我的父母和尽管比我小却帮助我成长的妹妹们。我也很荣幸有很多堂表亲、慈祥的祖父母，他们教会了我很多东西，那些还在我身边的人，他们仍然在继续教导我。诚然，哀悼是悲伤的时刻，但也是自我质疑和自我定位的契机。

我的科西嘉家庭和安杰拉的中国家庭是两个大家族，像我们一样，孩子们可以和他们的堂/表兄弟姐妹一起玩耍，从他们的经验、成功和错误中学习。叔、姑、舅、姨是导师，他们可以帮助孩子们克服困难，或者帮助孩子们发现看待世界和职业的全新方式。非洲有句谚语，"养育一个孩子，需要全村的力量"，这句话很好地描述了每个人贡献的丰富性。在这个地球村时代，我们可以为所有有联系的人的学习做出贡献。

但是，如果我们从任何类型的环境中都能学到很多东西，就像在职业活动中一样，为什么我们不重视这些学习形式呢？我们如何才能在休闲、工作、家庭或学校之中，妥善处理正式和非正式学习之间的互补性呢？在一个加速变革的世界中，休闲、工作、家庭或学校的作用是什么？在陪伴孩子们就学的过程中，我不断向自己提出了很多问题，而这本书给出了其中一些问题的答案。

道德之需无处不在

20世纪90年代末，国家健康和医学研究院（INSERM）院长任命我为该机构的道德委员会委员。起初我拒绝了。据我当时的理解，我（研究）的细菌并未达到如此攸关的程度。我也没有像苏格兰团队那样在1996年制造了克隆羊多莉。我在这些问题上没有立场，或者在我看来至少我的立场没有足够与之匹配的信息和研究。他坚持说："正是因为你看不到与你的细菌之间的联系，所以我希望你参与进来。你越拒绝，我就越坚持。"我完全沉浸在这一主题的文献中。结果令我不寒而栗：整个生物医学领域都充斥着可怕的偏离行为，包括我研究的细菌，它们可能会变成致命的生物武器。

科学研究，我将其视为一场游戏，是我童年和青少年对国际象棋的热情的自然延伸，是唯一能够激活我大脑中强烈上瘾的愉悦区的活动，然而它不止是一种有趣的活动，因为科学可以使世界变得更美好，也可能使世界变得更糟糕。

2 我学到了什么

那时我并没有发现。和所有科学家一样，希望也像所有公民一样，我曾经思考过原子的矛盾性——它能够治愈人类，也能够摧毁人类。甚至这也是为什么我没有考虑像理工学院的同学那样从事物理界工作的原因之一，冒着危险进行制造或"改进"这类武器的工作。在我看来，生物学纯洁如雪，并不具备任何危险与破坏性。生物学是鲜活的生命。生物学是与健康相关的。我从没想到或者根本不愿想到生物武器的问题。

留一片池塘给"丑小鸭"们

所有这些经历会使我不知不觉地从"简单的"研究人员的角色转变为社会企业家的角色，并促成了"跨学科研究中心"（CRI）的创立。该中心于2018年秋季成立，坐落于巴黎历史悠久的玛莱街区的中心地段，占地7000平方米，面向所有渴望重塑学习、教学、研究和调动集体智慧的人开放。我也称这里为"有趣的相遇十字路口"，这里见证了许多项目的诞生和发展。在一开始就加入我们的数百名学生和研究人员中，许多人都有一个共同点：他们希望跳出框架思考。有些人可能会认为他们是"丑小鸭"。

如果《安徒生童话》中的"丑小鸭"具有普遍性，那是因为我们所有人，即使只是偶尔，都期待自己与众不同，而墨守成规的压力不总是允许我们发展自己的独特性。"丑小鸭"的故事表明，这种情况只能是短暂的，但是孤独，甚至拒绝都会使人痛苦，直到我们找到一个至少了解你希望成为什么样的人或希望做什么的同伴。一段名为"如何创造运动"的 TED（*Technology Entertainment and Design*）视频强调了这种早期支持的重要性，它可以使一个孤立的存在最终成为合理的，然后许多其他人能够加入她或他的行列。

达尼埃尔·佩纳克曾是一名懒惰笨拙的学生，留级过很多次，但后来成为一名老师，又成为著名小说家。他说《安徒生童话》是给他童年时期带来最大影响的故事书之一，因为他也承受了这种孤独感。在他的自传《学校的悲伤》中，他还讲述了一位比其他人更能理解他的老师如何帮助他克服这些困难并开始写作。老师鼓励他将解释为什么没写作业时展现的想象力转化为创作的素材……和联想到自己学生时代困难的许多教师一样，成为教师以后佩纳克知道怎样才能设身处地地为学业失败的学生着想，触发他们生命中的转折点，就像自己所经历的那样。在最近的一次采访中，他强调了集体项目的积极性以及好奇心可以克服这种孤独和对失败的恐惧，并发现了学习和理解的乐趣。

像佩纳克一样，一些年轻人被孤立在拒绝与众不同的权力框架中，他们苦苦等待，无法充分发挥能力和智慧。为了使他们可以成长为"天鹅"、小说家、能够创造另一番世界的发明家，或者仅仅是成为自己，就像《安徒生童话》中写的一样，我们需要为那些想尝试其他事情的人创造更多的空间。CRI 致力于成为一个这样的空间，因此作为它的创始人和负责人，我写了这本书，来阐释我的观点，并定义 21 世纪的"学习"的基本原则。

3

别具一格地教学

我致力于创新教学的故事始于一次即兴教学的经历。我的论文导师米罗斯拉夫·拉德曼平时总是忙得应接不暇。有一天晚上，他问我第二天早上能否替他上课，我答应他给巴斯德研究所的学生上三小时的课。准备时间如此之短，不可能讲授传统内容。因此，我打算做我喜欢，也是我认为最擅长的事情：选择一个主题，从很多不同的角度来解读它。

我在那堂课上收获到极大的愉悦。有些同学说：终于有人带他们进行多维思考了！但也有一部分学生不欣赏这样的方式——而且在很长一段时间我的教学技能评价都是褒贬不一的，因为并不是所有学生都习惯于走出固有思维框架。幸运的是，前者数量更多，且巴斯德研究所的负责人就在其中。他们邀请我再来讲课。也有几名学生申请加入我的实验室，这个团队的成长非常迅速。

我还在巴黎高等物理化工学院（ESPCI）和居里学院任教。巴黎高等物理化工学院当时的负责人是1991年诺贝尔物理学奖获奖者皮埃尔-吉勒·德热纳。在他获得诺贝尔物理学奖后不久，我在索邦听到了他的声音。他谴责法国人倾向于进行过多的理论研究，而美国人则倾向于进行过多的实验。他坚持认为，好的研究必须将两者结合起来。我很认同他的观点。

与此同时,巴黎高等师范学院数学系的学生要求开设一门生物学课程。我被邀请参加,后来成为课程负责人,我发觉这个水平的学生进入生物学的速度非常快。我运用了在巴黎理工学院,以及后来与拉德曼一起研究时都非常成功的方法,并鼓励他们尽可能多地去实验室参观。就像在巴斯德研究所或 ESPCI 一样,这里的学生们也都想来我的实验室,所以我很快就没有空余名额给他们了。我试图说服他们,至少有几十个研究机构同样有吸引力。许多学生认为我的话可能是对的,但他们害怕待在传统学科中感到无聊,因为他们会被要求去完成预先制定的任务,而我这种交叉学科方法,他们都是自发地在学校餐厅和通过网络完成的。

这一时期互联网的使用呈爆炸式增长。于是,最终我和国家健康和医学研究院院长克里斯蒂安·布雷乔见了一面。"我遇到了在网上学习的年轻一代,他们希望走出封闭的学科,把各学科结合起来,以帮助他们理解那些极其复杂以至于单靠纯粹的学科方法无法解释的现象。我希望能够帮助他们通过不同学科的方法来解决问题。像几年前的拉德曼一样",布雷乔毫不犹豫地给予了肯定,"继续探索,我会支持你的。"

我与当时实验室的博士后阿里埃尔·林德纳一起召集了几名学生,并邀请其他已经成功跨越学科障碍的研究人员加入我们的团队。

我们之中的许多人每年都在莫比汉的伯德小岛上的一所跨学科研究人员春季学校见面。幽居在岛上唯一的旅馆里,我们完全自由地交流,远离尘世的喧嚣。伯德小岛让我明白了接下来两件重要的事情:我不是唯一想跨越学科界限的"丑小鸭",而且我也不是这些人中唯一获得过高级别奖项和荣誉的人。简而言之,一个人可以因为他的不服从而得到回报,至少是因为他的好奇心和跨越学科框架的能力!我认为这可能无法保证系统性的成功,但是这种探索知识的方式是值得肯定的。

为了满足那些被跨学科和开放讨论的活力吸引而来的学生的需

3 别具一格地教学

求,我们在巴黎组织了第一次研讨会,地点是我们实验室的咖啡间。此次研讨会的议程学术性不是很强:"做一些不同的事情",比如讨论议程之外的话题,因为这些话题才刚刚出现,或刚刚发表,因此不在大多数教学课程范围之内。

我们开始定期召集一个由学生和研究人员组成的学术团体。从一开始就选择英语作为工作语言,国际学生和研究人员也自发地加入到我们的队伍。但是,在第一年末,一些学生感叹:"我们在这里所做的比我们在严格的学科教学框架内所做的要丰富得多……为什么不创建一个学位呢?"我去见了巴黎高等师范学院时任校长,数学教授加布里埃尔·鲁格。他建议:"我们可以尝试创建一个硕士学位。起草文件吧。"我们正是这样做的。尽管硕士学位具有交叉学科性质,我们称其为"生命科学的跨学科方法",但仍然需要找到一门相关联的学科——这是大学传统意义上所要求的。

通过传统方式显然是不可能的。但是在每个系中,鲁格校长都找到了至少一名研究人员支持这一举措,至少一名学生对攻读此类硕士学位感兴趣。尽管一些人持怀疑态度,但他还是呼吁教育部设立这个硕士学位。幸运的是,负责评估我们准备材料的人思想开阔:"这个硕士学位实际上和现存的任何学位都不相像。但如果我再年轻一点,我会希望注册这个培养项目的。"棒极了!我们可以颁发文凭。我们就此诞生了。

不冒险有风险

于是,我们开始梦想有一个永久的场所,致力于跨学科的交流,在那里,学生和研究人员可以互相学习。彼时跨学科研究中心正在筹建中。但是我和共同创立它的同事林德纳对此一无所知!

我们刚刚在科钦医学院接手了一个像样的房间——在此之前,我们真的是穿梭在各个缝隙间:我们实验室的咖啡间,下午3点至5

点，两餐之间的巴黎高等师范学院食堂，甚至还有一个小房间——与内克尔医院的太平间相邻。这次，由于内克尔医院和科钦医学院的合并，为我们腾出了100平方米的空间。那时我正与米莎·格罗莫夫共同组织一场关于生命创新的世界级研讨会，研讨会在伊维特河畔布尔斯高级科学研究所举行。和林德纳一起，我们计划在会议开始前几天邀请与会者在我们的新办公区举行一场会议。就在迎接他们之前，林德纳想出了一个绝妙的主意，在A4纸上打印"跨学科研究中心"，然后将其贴在门上。由于这一即兴的创立仪式，我们的小组拥有了正式身份，甚至是在杰出的研究人员中获得了国际声誉。

事实证明，这种国际性的开端是至关重要的。首先，与杰出的科学家接触，看到他们与我们的学生进行愉悦的互动是一种强烈的智力享受。同样，在你试图在法国做一些前所未有的事情时，在反击那些无端的评判上，这个开端也是非常有用的！当国际顶尖科学家写一封推荐信支持你时，这会有助于平息一些批评声音。

中心的口碑在不断提升。就在CRI成立几个月后，数十名研究人员和学生来访，看看我们在做什么。在国民议会关于高等教育和研究未来的会议上，我遇到了保罗·弗里德尔，他当时是Orange电信实验室研究和发展部的研究和战略主任。他从美国回来，曾加入传奇的贝尔实验室。早在20世纪20年代，贝尔实验室就已经意识到，有必要召集不同学科的研究人员，以促进知识的进步。他们的成就包括：1924年的第一次传真，改善电话通信多项技术进步；1927年的第一次电视图像传输；1929年的人工喉，和后来的晶体管、激光器、太阳能电池……以及在基础研究方面的一系列发现，这些发现后来被应用于各个领域。"您所描述的和我在那里看到的很像，"弗里德尔告诉我，"我可以来参观吗？我们能谈谈吗？"他来访时，我们进行了深入的探讨。我们随后在巴黎笛卡儿大学创建了一个横跨数学、生物和数字技术学科的Orange电信的教授席位。

而后，我走访了巴黎高等师范学院的各个专业，招募了我们硕

3 别具一格地教学

士学位的第一届学生。我试图向他们解释，跨学科方法是 21 世纪研究的关键，如果仍然禁锢在自己的学科中，他们很可能被迅速超越。我又解释说，当然，涉足一个迄今为止没有人研究过的领域是一种冒险，但停留在一个过于习惯性的框架中其实也是一种风险：如果你极富好奇心，可能会感到无聊。利维奥·里博利-萨斯科就是其中之一，他用这句话概括了我的观点："你实际上是在告诉我们，不冒险是有风险的。"

硕士学位由此创立，效果甚佳，以至于学生希望将此方法扩展到研究论文中。然而，在当时，为项目找到资金和机构体制框架是极其困难的，甚至是不可能的。这种缺陷直接使美国的大学受益，美国大学每年都会招收一批法国最有前途的年轻研究人员——他们在获得博士学位后通常不会回到法国。我们的小水塘是不够的。有必要创造一个更广阔的生态系统，并用博士校来支持它：对于科研活动，如果不能培养博士，就没有立足之地。我当时获得的奖项为我打开了一扇大门——2002 年国家健康和医学研究院奖、2003 年利莉亚娜·贝当古生命科学奖、2005 年欧洲青年研究者荣誉……后者是欧洲研究理事会（ERC）的前身，当时这一荣誉只授予了整个欧洲所有学科的 25 名青年研究人员。这些奖项不仅为我带来了科研资金，还引领我走进了学术界。我仍然是一只"丑小鸭"，但是成了合法的"丑小鸭"。

2005 年年末，我必须报告利莉亚娜·贝当古生命科学奖资金的使用情况。然后我告诉她的新任秘书长阿尔芒·德·布瓦西耶尔，我们在建立一所博士校上遇到了困难。我面临的障碍和争议与硕士学位诞生前大致相同，尤其是"这从未发生过"。对我来说，这恰恰是支持该项目的最佳论证，也是我认为它鼓舞人心的原因。与此同时，大西洋彼岸的跨学科项目正在成倍增加。其中最具代表性的是斯坦福设计学院，由大卫·凯利于 2004 年创立；以及媒体实验室（协同多种数字技术的物理和集体空间），由计算机教授尼尔·格申费尔德在麻省理工学院创建，开设的课程"如何制造（几乎）任何东西"使其成名，继而建造了第一家"微观装配实验室"（为公众提供计算机辅助的物体制造工具的工作坊）。这些实验室也吸引了来自包括艺术、建筑和设计各个领域的年轻人。

为人才腾飞插上翅膀

基金会要求我们在 2006 年夏天编制一份预算。当我们提交预算时，基金会经理告诉我们："您的项目非常具有创新性。但是，为了给人才腾飞插上翅膀，就像我们喜欢做的那样，您必须考虑一个能够持久发展的组织。我们随时准备支持您尽可能好地发展这个宏大的项目。"

这史无前例为期 10 年的财政支持，加上合理的建议和始终如一的善意支持，改变了我们的困境：我们获得了创建一所博士校的必要授权。我将在下文详细介绍，基金会以一种特殊的方式陪伴 CRI 的成长。不久之后，基金会资助了我们与巴黎笛卡儿大学和巴黎狄德罗大学共同创建的跨学科学士学位和硕士学位项目，从而实现了从学士学位到博士学位的完整培养体系。经过最初几年的交流，基金会考虑在法国建立一个无与伦比的中心，创设一本学术期刊并提供访问世界各地最具创新性的场所的机会。一些学术界的领军人物，如后来成为欧洲研究理事会首任会长的海尔加·诺沃特尼、时任美国国家科学院院长布鲁斯·阿尔伯茨、霍华德·休斯医学研究所主席钱泽南以及普林斯顿大学生物学家戴维·伯恩斯坦访问了 CRI 并与首届学生交流会谈。根据专家们的意见，基金会在 2014 年决定追加 10 年资金支持，从而进一步推动 CRI 的发展，使我们能够为更多的人才插上翅膀。

很快学生也代表我们中心在国际舞台上大放异彩。一些学生自发地组建团队，参加由麻省理工学院设立和组织的多学科国际竞

3 别具一格地教学

赛——国际基因工程机器竞赛（iGEM）。这是一种生物学的"乐高积木比赛"。参赛团队来自世界各地。在夏季初，参赛者会收到一套"生物砖块"的基因成分配件，他们必须想象出组装以及将其整合到活细胞中的最佳方式，从而创造新的生物功能。

从首届竞赛开始，由林德纳指导的"巴黎—贝当古 CRI iGEM"团队就获得了麻省理工学院"基础研究"类别的奖项。我们组织了一场小型招待会来庆祝这一荣誉，并邀请了巴黎笛卡儿大学和巴黎狄德罗大学的校长。学生们非常大胆，他们表示道，一切都很美好，但如果一张文凭能奖励他们的工作，而不仅仅是一个奖杯，那就更好了！我们将信息传递到学校，并由此创建了最初阶段的培养方案，设立了硕士学位；不久之后又建立了法国的第一个学士学位，学生可以在本科阶段接受研究培训，这一壮举是在贝当古—舒莱尔基金会和巴黎笛卡儿大学校委会支持下实现的。

很快我们也开发了面向青年人的课程，尤其是来自弱势群体的青年。2005 年，我应邀参加在布达佩斯举行的世界科学论坛，荣获欧洲青年研究者奖，同一时间我通过网络持续关注了法国部分郊区发生的骚乱，起因是巴黎北郊克利希苏布瓦市的两名青少年布纳·特劳雷和泽德·本纳在躲避警察追查时不幸触电身亡。在我看来，全球化浪潮下"赢家"和"输家"之间的对比很少如此鲜明。而我个人和教育经历使我相较于后者，更贴近于前者。我没有忘记我在阿维尼翁市蒙克拉社区度过的青少年时期，那一年没有人谈论到这个地方，但这里在 2003 年年底却已经发生过骚乱。

不断合作与进化的生态系统

我们能在这两个看似如此不同的世界之间架起桥梁吗？我在论坛上和世界青年科学家协会（WAYS）时任主席盖尔·梅因盖以及杰出的匈牙利生物化学家佩特尔·切梅利讨论了这些问题。切梅利教授在10年前发起了一项倡议，旨在吸引匈牙利高中生进入科学领域。有1万名青少年由此受益。他还向我们讲述了匈牙利独有的困难，首先是吉卜赛儿童的社会融入——自那时以来，这些困难进一步加剧，以至于欧盟委员会在2016年年底对匈牙利的教育系统展开了一次调查，欧洲理事会谴责"近年来越来越普遍的学校种族隔离问题"。

我们邀请切梅利和两名匈牙利高中生（其中一名为吉卜赛人）于次年夏天参观巴黎高等师范学院。我们的想法是在法国建立一个类似的项目。数十名大学生和研究人员正在动员，成立"巴黎—蒙塔涅协会"，该协会打造的"科学学院"项目旨在向青年人敞开实验室的大门，也是向他们敞开科研领域的大门，特别是来自于招收贫困学生的学校的青年人。里维奥·里波利—萨斯科是巴黎—蒙塔涅协会的主席。因为他研究项目的主题非典型，没有人愿意拿这个项目做论文，这也是一个"丑小鸭"的例子。他将在CRI刚刚成立的博士校进行这项研究。

我们现在处于一个不断合作与进化的生态系统的中心，这个生态系统覆盖了所有的领域：纵向上，因为我们面向整个教育链，从高中阶段到博士阶段（很快也将拓展到幼儿园至初中）；横向上，因为我们把所有学科的研究人员聚集在一起，尽管科学学科所占的比例较大。所有这一切都是来自于我15年来观察细菌中获得的灵感，这些细菌不需要部门或中央权力来实现自我组织。

一些美好的神话

古罗马人用一个神来描述这些情况，它就是波图努斯，相当于希腊神话中的凯罗斯。波图努斯是钥匙之神、码头之神、航行之神、相遇之神、开门之神、时间之神、机遇之神。凯罗斯的长发是向前的：你必须从前面抓住它；一旦他走过了，就代表为时已晚。

我是不可知论者，但我认为如果有一位"神"在这段时间陪

3 别具一格地教学

伴我们,那就是这位了。在这个瞬息万变的世界里有很多机会,学生们比其他人更清楚这一点。我们为他们提供一个可以利用机会的场所,他们取得了一些非凡的成就,吸引了越来越多的研究者加入CRI。这就是形成这种超级动态活力的原因。

这些善良的"仙女"中,最重要的是以"为人才腾飞插上翅膀"为座右铭的贝当古—舒莱尔基金会,基金会由贝当古家族主持,奥利维尔·布劳特和阿曼德·德·布瓦西耶尔领导。如果没有这个基金会的支持,CRI永远不会得到如今的发展。2003年以前,我从没听说过这个基金会,对贝当古家族的历史一无所知。直到2003年的一个晚上,接到杰出的细胞微生物学研究者帕斯卡尔·科萨的电话时,坦率地说,我没来得及思考。我刚从美国回来,时差反应很严重。在模糊中我听到:"弗朗索瓦,明天早上您能到纳伊市吗?您与同事伊万·马季奇共同获得了利莉亚娜·贝当古生命科学奖。"

第二天在纳伊市,我们获得了这个奖金丰厚的奖项,自1997年以来,这个奖项一直颁发给45岁以下的研究人员,彰奖他们为科学开辟了新的道路。为什么基金会对科学感兴趣?那天早上,安德烈·贝当古在妻子、女儿和女婿面前做出了解释,他讲述了岳父的故事。他告诉我们,年轻的欧仁·舒莱尔是一位面包师的儿子,他于19世纪末来到巴黎,在1907年创造出第一款无毒染发剂之前,他曾有幸学习化学并研究一门新兴学科。两年后,他创立了"法国无害染发剂公司",后来成为欧莱雅集团。利莉亚娜·贝当古决定,为了致敬她父亲在科研上的付出(这些科研成就也成了家族财富的起源),她决定创建几个以她婚前和婚后名字命名的基金会奖项,用于推动年轻研究人员的发展。

基金会董事会成员、法国前总理皮埃尔·梅斯梅尔告诉利莉亚娜、弗朗索瓦和安德烈·贝当古,理事会决定向CRI提供起步资金:"你们正在做的事情,国家和私营部门都做不到。因此,我很赞赏你们致力于支持那些想要打破常规的年轻人。"我同意这一观点,尽管这在法国并不寻常，但我在美国的几次交流使我已经对此逐渐习惯。在美国，很大一部分研究都是由慈善事业资助的。

尽管跨学科研究中心的冒险之旅始于实验室的咖啡间，围绕着少数先驱者展开，但后来这个不断发展、富有成果的自由框架几乎呈指数级增长——自创建以来平均每18个月规模就会扩大一倍。中心框架不断发展，以满足越来越多不同年龄段、学科背景多样的学生的需求。我非常感谢团队能够为学生提供这种自由，并能够应对CRI不同发展时期的相关挑战。在思考未来的同时保障日常生活，这从来都不是一件容易的事，所有这些都要归功于从第一天起每个人做出的承诺。

社会企业家是未来世界的灯塔

在打造"科学学院"项目之后，我遇到了阿育王组织（Ashoka）欧洲分部的常务董事阿诺德·莫罗，他决定在法国成立办事处。该组织是由美国人比尔·德雷顿于1980年创立的。在与美国前总统吉米·卡特和咨询巨头麦肯锡合作，并在哈佛大学和斯坦福大学任教之后，他在全球范围推广了"社会企业家"一词，阿育王将其描述为"受创新思想指导的个体，可以帮助解决根深蒂固的全球性问题"。在过去的35年中，阿育王在93个国家或地区成功孵化了3300名社会企业家。在浏览该协会的网站时，我了解到它的名称来自梵语"Ashoka"，意思是"真正没有悲伤"，也来自印度皇帝阿育王（最早的伟大的社会企业家之一）。在公元前3世纪统一印度后，阿育王杜绝暴力，成为历史上最宽容、思想最开阔、最富有创造力的领导人之一，是在经济发展和社会福利上创新的先驱。

阿诺德·莫罗访问了CRI，我给他讲述了CRI诞生背后的故事。听后他表示："你是一个社会企业家。"他建议我随后加入"阿育王伙伴"（Ashoka Fellows），为这个全球网络做出贡献，这个网络提倡我

3 别具一格地教学

们都可以在个体层面上成为变革的推动者。我很感谢他，但我不知道"社会企业家"这个词的真正含义。他建议："如果你想了解，请阅读戴维·伯恩斯坦的《如何改变世界》。"这本书的副标题是一个行动指南："社会企业家和新思想的威力"。

我在本书中了解到巴西的法维奥·罗萨和低成本电气化技术的故事，印度的杰鲁·比利莫里亚和他针对流浪儿童的电话求助热线项目，维洛尼卡·霍萨在南非建立了一家照顾贫民窟艾滋病患者的公司……

在阅读这本书时，我发现了一些我在观察细胞时已经发现的东西。当细菌不适应环境时，就像许多生物一样，它们有三种可能的策略。第一种最简单的策略是迁移，寻找更有利的环境。这并不总是可能的，特别是对人类来说——如果环境被过度破坏，我们很难迁移离开我们的星球。第二种策略是突变。只有在极少的情况下，随机突变是有利的突变，使它能够摘得进化的"彩票大奖"。第三种策略，也是本书中无处不在的，是投资于个体环境的改变。在生物学中，我们称之为生态位建设或生态系统工程。人类在这一点上做得很好，细菌也是，但最容易记住的例子是海狸。海狸更喜欢住在湖里，而不是激流中。所以，在没有天然湖泊的情况下，它们会建造水坝，这将改变它们和后代的生态系统，当然，也会改变许多物种的生态系统。海狸的行为使我印象深刻。我想知道如何建立学习的生态系统。

本书将会告诉你，这是漫长旅程中的关键一步。

我们正在经历一场范式转变

但我在彼时并没有意识到这一点。我当时观察到日益频繁的变化信号，这仅仅是"规则下可以存在例外，但规则始终成立"这一观点的体现，还是出现了一种新的范式，发生了一种可以导致愿景改变的进化，其实这一切还有待观察。美国哲学家和科学史学家托马斯·库恩普及了"范式转换"这一概念，他很好地说明了识别这些转折点的难度。他指出，面对不符合主导模型的异常情况，模型支持者的自然倾向是简单地忽略异常情况。直到有一名先驱者想知道这些异常情况是否可以重现。如果可以重现，我们面对的可能不是一种异常情况，而是一种新范式的诞生。

这个想法在当时（20世纪60年代初期）是革命性的，并一直困扰着那些想要相信科学的某种客观性的人。它表明，一个由研究人员和学术机构组成的社区在某一时刻的运作方式，以及他们审视研究对象的决策方式，对新理论出现或实验室之外的知识进步具有重要意义。学习和研究的新方法是属于异常情况，还是数字技术促使了一种新范例的出现？

我想深入探讨这个问题，于是在2011年组织了第一次"夜间科学"会议，专门讨论基于研究的新的学习方法。这一次"夜间科学"的概念是对诺贝尔医学奖得主弗朗索瓦·雅各布的致敬，他用"白天科学"和"夜间科学"两个术语进行区分："科学正在形成两种不同的模式。我们可以称之为'白天科学'和'夜间科学'。白天科学将推理发挥得像齿轮一样密切链接，其结果具有极强的确定性……相反，夜间科学迷失了方向。它犹豫不决，跌跌撞撞，后退，出汗，蓦然醒来。它怀疑一切，不断地寻找自我，质疑自我，重新开始。这是一种关于可能性的工作坊，在那里，人们将孕育出科学的材料。"

来自世界各地的示例不断涌现，你将在下文看到其中一些。它们如此之多，以至于不能被认定为异常情况。

我们天生就是研究人员，但我们却很快忘记了

同年，美国心理学家、哲学家艾莉森·高普尼克发表了一场精彩的TED演讲，题为"婴儿在想什么？"，呼应了她的著作《宝宝

3 别具一格地教学

也是哲学家:儿童的思想告诉我们关于真理、爱和生命的意义》,她的演讲内容我会这么总结:"我们天生就是研究人员。"高普尼克指出,从婴儿很小的时候开始,认知发展的过程与科学家们促进知识发展的过程是相同的,包括对周围的环境进行探索实验。如果这种行为是与生俱来的,那么环境可以加强并发展我们内在的研究潜力。

越来越小的孩子在科学期刊上发表文章,这是一系列反常情况,最终迫使我们重新思考主导模式。公民做同样的事情,首先是一种特例,然后逐渐形成一种制度。这一变化开辟了一个新的研究分支:公民科学。我们计划在两年后创建"知识冒险家"项目,为这种范式转变做出贡献。

在这方面,我们安排了一次与安吉·安索的会面,她曾是一名译者,后来成为小学教师。我给她读了一篇由8岁孩子撰写的关于大黄蜂的论文。她表示,"让孩子们研究大黄蜂,这很有意思,但是国民教育体系永远不会让大黄蜂进来。不过,如果是蚂蚁,我们可以试一试"。劳伦·凯勒是世界上最伟大的蚂蚁研究专家之一,他向我介绍了皮埃尔与玛丽-居里大学的两位研究蚂蚁的昆虫学家蒂博·莫宁和马蒂厄·莫雷特。他们同意加入这个活动,在这一年中回答学生提出的所有问题。我们在安吉负责的班级建立了一个蚁巢,这是一个位于上塞纳河省巴涅克斯市一个优先教育区域的小学四年级(CM1)和五年级(CM2)的混合班级。在年底,我们邀请孩子们展示他们的观察结果,就像在科学大会上所做的那样。每名学生都演示了两件观察到的结果。展示会持续了一小时,我和CRI的同事都感到惊讶。研究过这一主题的生物学家塔玛拉·米洛舍维奇一直热衷于为本科生开展研究培训,他说:

"孩子们,今天你们教会了我很多东西。你们是怎么向自己提出这些问题的?"

"我们在年初问的第一个问题是,我们是否有权问自己问题。"

"你对此有疑虑吗?"

"是的。大人们总说好奇心是个丑陋的缺陷。在我们家也是如此，一些大人说问太多问题是不对的。因此，当研究人员告诉我们提出问题很好时，我们有些迷茫。于是我们进行了讨论，并决定在蚂蚁身上，我们有权提出任何我们想问的问题。"

"那么，当你们不明白的时候，你们会做观察，写信给研究人员吗？"

"不。我们首先查看图书馆中的书籍，然后再浏览互联网，但我们清楚地意识到不可能在书中找到所有的答案，也不可能相信网上所写的一切。我们发现了儿童维基百科，面向儿童的维基百科，我们可以在上面撰写关于蚂蚁的文章。我们只是在实在不明白的时候才联系蚁学专家。"

"比如说？"

"蚁后是怎么吃东西的？因为蚁后从不出门……"

"他们怎么回答你的？"

"这要归功于'公共胃'，这是蚂蚁的第二个胃，它们在里面为不出来的蚂蚁储存食物。但是最初，我们花了一个月的时间才理解'蚁学'这个专业术语。"

最初，孩子们重复研究人员在实验室中进行的实验。直到有一天，他们观察到的结果与研究人员的结果不一致：没有明显的原因，蚂蚁在蚁巢入口处筑起了一堵墙。他们再次写信给蚁学专家，专家承认对此并不了解，但提出了一个假设，即堆放物来自蚁群内部。孩子们怀疑这一解释，因为这与他们的其他观察结果也不一致，因此他们决定对此进行检验。他们又做了一次实验，摧毁了城墙，放了很多东西。随后观察到蚂蚁用孩子们放的物体建造了一堵巨型墙体。孩子们由此明白了，虽然研究人员知道很多事情，但他们并不是什么都知道，他们的解释并不总是正确的，而且存在一些方法可以检验不同的假设。

这也许是项目中最成功、最有意义的部分，我喜欢讲述这个故

3 别具一格地教学

事。我在飞机上向一名《纽约时报》记者讲述了这个故事，他刚刚从多哈的世界教育创新峰会（WISE）返回。听了我的故事，他想了解更多细节，他来到 CRI 和巴涅克斯市，与安索和她的学生见面，并撰写了一篇文章。我们的小知识冒险家的名声横渡大西洋！

法国国际广播电台的法比安·肖维埃邀请我在她的节目"知识冒险者"中分享这个故事，其实正是这个节目的名称启发了学生，我们由此为项目命名。现在，安索的班级推特账号有成百上千名"关注者"。如此之多，以至于巴黎市政厅最终也听说了这个故事。恰逢当下正在进行教学进度改革，市政厅在为学校寻找教育活动。我们可以把项目拓展到巴涅克斯市以外的地方吗？安索不愿离开她的学生，但她同意指导 20 个以本项目为原型的课后工作坊。我们也指定了 20 名来自不同学科的博士生支持这些班级，探索 20 个不同的研究课题，还在蚁学外增加了天体物理学和植物学。

我们成功了！

更好的情况是，不仅孩子们对科学探索充满热情，而且教师们也推开了我们工作坊的大门，他们请求晚上也留下来以便了解我们在做什么，甚至要求我们替他们上科学课，显然我们拒绝了：支持他们，可以的；替代他们，绝对不可能。"知识冒险者"项目逐渐走进从幼儿园到高中（包括职业类高中）的各级学校。与此同时，法国国际广播电台授权我们保留这个在孩子之间非常受欢迎的名字。并且，2014 年 6 月，"知识冒险者"项目被授予了"法兰西行动"的标签，这使我们能够增加工作坊的数量，并加强对该项目在体制上的认可。像 CRI 一样，"知识冒险者"抓住了机遇，脱离了最初的框架，迅速成长并打响品牌。

例如，在热讷维耶市这样的地区，在市政厅、泰雷兹校园和 CRI 联手合作下，一个以教育创新为基础的实验室诞生了。该项目预示了一所研究中心如何服务于当地严谨而灵活的教育生态系统，促进公立学校追求卓越，而后者又是优先教育的重中之重。自 2015

年9月以来，泰雷兹基金会和CRI"知识冒险者"教育项目之间的合作伙伴关系已经在当地形成了一个学习领域的良性循环。热讷维耶市数十所小学和初中班级开展了基于研究的教育项目，获得了外部的双重支持："知识冒险者"项目提供教学支持，而泰雷兹校园的工程师志愿者提供科学研究支持。

这种教育方法在课堂上的成功，以及在学生学习和在教师专业发展上的优势都令这座城市信服。热讷维耶市致力于在整个辖区内支持和发展这一项目，泰雷兹集团也计划将本项目部署到法国和国外的其他校园。其他地区和企业也希望发展类似的合作伙伴关系，使员工、教师，当然还有青年受益。因此，"知识冒险者"项目的推动力，已转变为一个地区所有行动者赋权的动力。

在热讷维耶市最近的一场"知识冒险者"大会上，除了小研究员，还有三位小研究员的母亲上台展示了她们记录下的发现。

旅行塑造青春，也塑造了所有知道如何保持年轻的人

正如我所经历的，在巴黎理工学院求学的最大优势之一，就是既享有大学生的假期时间，又可以拿到允许你旅行的军官工资。通过这种方式，我能够很快游历欧洲，然后再转战其他大洲，在那里我学到了很多。这句格言强调了年轻人从旅行中获得的成长，它很好地解释了伊拉斯谟等项目的成功，以及这样一个事实：长期以来在其他国家，以及最近在法国，境外实习和间隔年学习被视为一个真正的加分项。

在旅行中开阔眼界可以启发出多样化思维，哲学家和汉学家弗朗索瓦·朱利安从哲学概念上对这一点进行了说明，他比较了中国和希腊如何从完全不同的角度看待同一概念。例如，汉语中的"危机"一词由两个字组成。第一个字的意思是"危险"，这不足为奇。另一字则预示着机遇，使得改变对这类情况的看法成为可能。

3 别具一格地教学

对于有机会了解两种文化的儿童（和成年人），鼓励他们研究多样化的观点，帮助他们意识到环境和语言在我们研究方法中的重要性，这只会帮助他们更好地理解世界的复杂性。例如，移民子女建立了一种"第三种文化"，这既不是父母的文化，也不是东道国的文化。因此，它需要一个非常具体和个性化的界定。虽然有必要帮助这些儿童管理潜在的身份冲突，但这第三种文化也使他们更加开放、更具适应性，能够更好地理解全球化及其挑战。

国际研究表明，澳大利亚或加拿大等一些国家比法国更了解如何使移民的子女成功。它们欢迎移民子女庆祝其原籍文化的节日，并邀请他们成为这些文化的大使，以便将这些文化传播至其他国家。未来，他们再度开启旅程，并将其在东道主国家汲取的文化传播到其他地方。

在新加坡，人们沐浴在一个多元文化的环境中，机构的负责人，特别是教育系统的负责人，被有组织地派往其他国家，以便观察他国的工作是如何进行的。通过这种方式，他们被要求向他国学习——从他国的成功和失败中学习。这种开放性促进了新加坡城市国家经济和教育系统的成功。我们当然可以从中得到启发，让我们这个学习型社会的所有行动者更多地旅行，我们有很多东西要向其他社会学习，包括学习面对差异性时如何更好地认识和理解彼此。

集体智慧比人工智能更强大

当我想到 CRI 的历史和我在这本书中描述的诸多倡议举措时，我是一个乐观主义者——甚至比这更乐观一点。我倾向于认为，我们生活在一个可以与 18 世纪启蒙运动相提并论的时代，在几十年的时间里发明了新闻、出版、科学、科学期刊……最初，这场运动是极少数群体的行为。然后，割裂的思想家开始相互交谈，形成非正式的网络，比如在 17 世纪中叶，英国化学家罗伯特·波义耳称其为"无形学院"。当时，要经历几代人，事情才发生改变。因为，从本质上讲，文化变迁需要时间，但也因为当时的信息交换技术非常缓慢。美国历史学家伊丽莎白·爱森斯坦谈到了一场"未被注意到的革命"，她认为可以追溯到印刷业的诞生。

今天，技术传播的速度更为迅捷。这场革命并不是源于单一的技术——印刷，而是一系列相互关联的技术（遗传、生物、认知、纳米……）。我们所有人都可以凭借越来越多的产品来使用这些技术，包括我们的智能手机。对于它们所产生的影响，即便考虑到所有的可能性，对其进行思考、分析和理解，我们仍然无法消化代谢它。我们缺少思考未来的空间，也缺少基础研究和应用研究相互不冲突的空间，以审视我们正在经历的进步的伦理和社会影响。

要对这些问题进行集体反思。应对重大变革与全球挑战——生物多样性问题、气候变化……要调动我们的集体意识，否则我们无法解决这些问题。动员人类群体的集体智慧，从班级、企业或管理部门开始。为此，我们必须重新布局，因为现在的制度仍然是19世纪的设计和构思，本质上是层级化的、局部的、控制性的组织，其设计理念是让所有信息都传达到顶部，这样顶层就有足够的信息，做出对每个人都有约束力的决定。

冲突孕育进化

让我们回到苏格拉底，其对死刑的判决理由引人深思：他不仅被指控不敬神灵，也许最重要的是，他还腐蚀了青年人。法官充分理解其教学的政治负担，以及如果好奇心的学习超过顺从的学习，国家将面临的风险。而且，苏格拉底只能勉强捍卫自己。他知道并且承认，他所做的不一定是被接受或可以接受的。即使他死了，他也不否认自己。

一方面是基于对过去知识的顺从、机械重复性教学的秩序维护者,另一方面是基于提出问题、质疑规则、创造未来世界的能力的组织倡导者,两方之间的这种长期遗留下来的冲突关系始终存在,是一种纯粹的不可调和的冲突。必须牢记这一点,我们才能理解某些关于教育的辩论为何如此之激烈。我们确实面临着一系列"正交系"的冲突交锋,先验具有排他性的力量之间的对抗,就像在任何转折过渡时期一样,这种碰撞不可避免地会产生火花。判处苏格拉底死刑的古希腊,同样也是那个诞生了最初的民主形式、科学、早期的哲学家、早期的高中、最早期的传播方式的古希腊。随着印刷技术的重大进步,文艺复兴也经历了同样的冲突局面。伴随着互联网诞生和数字技术变革,当下的时代也进入了一种相似的冲突状态,有时处于变革前沿的艺术家能更好地理解这一点。

"三傻"助力思考未来教育

尽管我远远不是家中最有艺术细胞的人,但我成长在一个将艺术视为生活和文化核心的环境之中。它允许我们探索认识这个世界的其他方式,也使我们超越没有这些创造物的生活。此外,霍林斯沃斯也证实,最好的研究人员往往也是艺术家,他们可以跨越边界,从一个世界穿梭到另一个世界,从一个想象跳跃到另一个想象。

很小的时候,我就已经是一名很棒的读者了。例如,我还能回想起在小学一年级结束时读的第一本小说,当时我父母还正在睡觉。那些书是从图书馆借来的,在图书馆我啃完了所有不同传统的神话和传说。我在阿维尼翁这个戏剧节举办地、"剧院之都"长大,也是一个难得的机会。在演播厅和展映之后的辩论现场,在教皇之城的小巷子里和广场上,你可以学到很多东西。大学时期我来到拉丁区,这里能够发现诸多展览,以及来自不同国家各个时期的电影。我甚至会走进一家电影院,看完当日所有放映场次之后才出来。也是那时候,朋友们在观影结束后的讨论总是很丰富多彩的。

我最爱的电影是印度电影《三傻大闹宝莱坞》，由于法国院线没有引进这部电影，因此它在法国知名度不高。我对此感到非常遗憾，因为这部电影在亚洲许多国家都是票房第一位。菲律宾和中国的学生让我发现了这部电影，从第一次观影后我已经看了五遍了。它描绘了印度的高等教育系统，比我们的教育系统更无情，竞争更激烈：一个充斥着欺凌、家庭和社会压力、导致过多青年自杀的地方。

但是这部电影非常诙谐和有趣，这三个傻瓜是由他们中最具魅力的兰彻领头，兰彻何时都怀有无尽的创造力和幽默感。他不仅可以揭露教育系统的局限性，而且还能够以第一的名次从这个系统毕业，他还得到了校长女儿的芳心。另外，根据个人经历，他创建了一所学校，最小的孩子也可以通过解决问题和申请专利来拓展他们的创造力。这部电影是根据一些真实事件改编的，包括"阿育王伙伴"索纳姆·旺楚克的故事。他创建了一所学校，让孩子们畅想所面临挑战的解决方案。这部电影引发了许多关于整个教育系统的组织和价值观的有趣辩论。

我希望这部电影在法国更为人熟知。它能够引发我们的反思，这样的故事是如何发生在其他国家的？这些"傻瓜"是谁？他们真的是那些寻找方向的青年人吗？如果是这样的话，也许会有人想成为第 4 个或第 n 个傻瓜，并逐渐像流行病一样传播。目前我还没有看到有任何一部电影，甚至一部纪录片有这样的影响力，但我真的很想看到一部像《三傻大闹宝莱坞》一样对青年人和更大龄的人产生影响的电影。更重要的是，如果能让人们意识到这样的事情不仅存在于电影中，总有更多的场所可以让他们以不同的方式学习和创造未来的世界，那就好了。

更广泛地讲，我相信电影通过它的共情特点以及它对无数人的影响，可以促进每个人增强意识，从而改变集体文化。毫无疑问，如果一个人在离开电影院时被邀请去见那些具备相同情感的人，探讨这种情感是如何激励他们的，那么电影的影响力可能会更大。与他人（而不仅仅是家人）讨论观后感，以及想要深入思考甚至采取

3 别具一格地教学

行动的意愿，可能会触发集体的行为，而集体能够完成个体不敢做或不知道如何独自完成的事情。

任何时代都能够建立自己的辩论场所，阿果拉广场使希腊人可以讨论关切的话题，巴黎的沙龙和咖啡馆为启蒙运动的参与者聚集在一起进行辩论提供可能性，电视节目《银幕档案》中上演过许多对话，在当时扮演了类似的角色。我不确定脱口秀和社交媒体是否也有助于辩论，让每个参与者和观看辩论的人都能成长。毫无疑问，在数字时代，我们可能需要发明一种新的讨论艺术："多屏档案"？

艺术可以打开每个人的想象，辩论可以让我们理解另一个开放世界中其他人的观点。CRI 和许多机构的诸多行动者正为此努力，我认为这对我们民主国家的健康和我们思考未来转变的能力至关重要。电影提供了探索他人的视角，并以镜像的形式，通过分析我们内心深处的情感，使我们能够更好地了解彼此，更好地理解他人。

我们比以往任何时候都更需要认清自己

总而言之，我支持学校复兴苏格拉底式教学的观点。

"认识你自己"——这一要求应成为教育制度的核心。我们对自己了解多少？又对集体了解多少？随着机器的进步，随着机器更加了解我们，至少机器知道一些我们无法都知道或倾向于忘记的事情，我认为我们总是需要更多地自省：作为一个人是什么感觉，做自己是什么感觉，以及我们想要在这个飞速变化的世界上占据什么位置。

在寻找这些问题的答案上，青年人完全有能力发挥更大的作用。创新很少来自于权力拥有者。

现在你对我个人有了更多的了解，让我们继续旅程，并在这个核心问题上短暂停歇：想要学习，你必须接受从忘却开始。

4

学习之前，先要忘却

日本自然保护区幸岛猕猴的故事非常有名，它告诉我们放弃自己的习惯或信仰是多么困难。为了吸引并观察猕猴，科学家们想出了在岛上海滩放红薯的主意，但有一个问题：沙滩上的红薯嚼起来不舒服——牙齿间沙粒嘎吱作响。一个叫伊莫的幼年猕猴路过，捡起一个红薯，在海里清洗然后吃了。其他雌性猕猴来了，伊莫向它们展示了如何做，这种"知识"先在幼年雌性猕猴间传播，再到幼年雄性，然后是成年雌性，最后传播到占主导地位的阿尔法雄性。一段时间后，科学家用米饭代替了红薯。同样的情况再次上演。这只聪明的小猕猴找到了一种将米饭和沙子分开的方法，这在技术上非常复杂（本书旨在鼓励读者提出问题和进行研究，这个问题的答案我就留给读者自行探索，理想情况下是不借助互联网，这样你就可以欣赏这个算是人类远房表亲的动物有多灵巧了）。我们观察到，在部落中创新的传播模式与之完全相同。从青少年到青少年，然后是母亲，最后是占主导地位的男性。

占主导地位的雄性很少自我质疑，往往是最后一个接受创新，猕猴并不是唯一具有这种特点的物种。科学史上具有诸多此类发现，而这些发现花了数年时间才得到认可，因为占主导地位的男性——这一次是具有话语权的研究人员——拒绝承认自己的错误。

4 学习之前，先要忘却

这里最著名的是伊格纳斯·菲利普·塞梅尔维斯的故事。作为一名匈牙利妇产科医生，塞梅尔维斯发现女性在分娩时更倾向于选择助产士而不是医生。这不仅因为她们愿意与女性打交道，还因为她们觉得自己生命受到的威胁更小。塞梅尔维斯对此很感兴趣，他验证后发现这是真的。即使在不同的建筑里分娩，助产士负责的产妇死亡率也低于医生。他检查两者的做法时，发现有时医生不洗手就直接从尸检转到分娩室。这个故事具有悲剧讽刺意味的是：医生对死于产褥热的妇女进行尸检，目标正是降低产褥期产妇的死亡率。

塞梅尔维斯假设两个手术之间存在关联，并建议医生在两个手术之间洗手。没人相信塞梅尔维斯，除了一位医生，他没有洗手就接生了他最喜欢的侄女。他的侄女也因此离世。这位医生悲痛欲绝，意识到自己导致了侄女的死亡，于是自杀了。这是塞梅尔维斯的悲剧：唯一相信他的人自杀了！无法让他的发现得到认可，这种无力感将塞梅尔维斯逼疯了——被世人误解直至在精神病院离世。事实上，一直到李斯特、巴斯德和对感染机制的理解发现后，卫生概念才逐渐传播开来。今天，塞梅尔维斯被公认为与医院疾病斗争之父，但仍有一些人觉得洗手和质疑自己都很困难。

这个故事可以追溯到一个半世纪以前，但是人类绝不可能免受这种不幸的影响。尽管我们可能是对的，但我们仍然需要找到足够多的人，最好是有影响力的人来相信我们。我们甚至可以假设：塞梅尔维斯的同事不蠢笨，而是诚实的医生，他们的生活充满了对拯救生命的担忧，也正因如此，他们无法承认无意中造成的死亡。

而且，即使是那些经历过个人发现与上一代的教条相冲突的科学家，面对年轻人的质疑，有时也很难接受范式的转变！

大脑使我们张冠李戴

现在让我们观察这幅图。

首个公认的光学错觉——"兔子和鸭子"。

你在图中看到了什么？一只鸭子？一只兔子？

这张图片几年前出现在德国媒体上，是1900年经由美国心理学家约瑟夫·贾斯特罗夫广泛流传开的。他想证明我们的大脑和文化相互作用以产生表征。社交网络喜欢这些欺骗我们的大脑的图像，如果你在搜索引擎中输入"视觉错觉"，你还会发现许多相似的例子。当你移动眼睛时，一动不动的数字开始移动。根据不同的文化，相同的面孔却表达着截然不同的情感。

需要记住的是，本质上我们的大脑是在解读来自物理世界的信号，没有什么是稳定的。一切都被过滤过。长期以来大脑的这一特点每天都在帮助我们。例如，正是由于这个特点，我们的祖先根据一些视觉线索，才能够区分猎物和捕食者。我们很幸运能够从复杂的数据中建构意义，这使我们在整个历史上都具有一定的进化优势。

但是这一属性也可以欺骗我们。魔术师或扒手就是擅长玩弄我们的大脑，让大脑张冠李戴的艺术大师。

"寓意大猩猩"

在这些小型实验中，除了乐趣我并没有预见有什么其他，直到某次在伯德岛时将它们置于科学背景之下（正如我在前文所提到的，

4 学习之前，先要忘却

CRI 的一部分冒险是在那里诞生的)。那天，我们受邀一起看了一段视频，视频中有两支球队，分别穿黑色和白色的 T 恤衫，他们正在传两个篮球。观看视频的要求是计算白色球衣队员之间的传球次数。这是一项艰巨的任务。最后，我们给出的答案几乎和参与者一样多。然后，我们被问到是否注意到有什么特别的地方。我什么都没看见，但有那么一刻，我感到不舒服，觉得有人试图打扰我。组织实验的认知科学专家建议我们再看一遍视频，但这次不要试图计算传球次数。我们发现一只大猩猩穿过舞台，拍打着胸部。你根本不可能错过！我被自己的认知盲点震惊了。

那一天，我扪心自问这一生中"错过了多少只大猩猩"，包括我作为科学家的一生。因为当一个科学家全神贯注于某个主题时，他将只满足于计算传球次数。对我来说，这是一个启示，从那一刻起，我开始认为一门科学学科会让我们高度专注，同时面临错过一些明显迹象的风险。从那以后，我就把它叫作"寓意大猩猩"。

认知科学研究者已经确定了数十种影响信息处理方式的认知偏差。例如逆火效应，也称为"回旋镖效应"。这是一项在美国进行的非常有说服力的研究，涉及向共和党选民提供与共和党候选人所言相矛盾的事实。这些事实不仅没有改变选民的看法，反而强化了他们最初的信念。对这一现象的解读是存在争议的，特别是由于揭示了回旋镖效应的最广为人知的实验无法复制，一个可能的假设是，这些人在受到质疑时会寻求先机，捍卫自己，甚至捍卫他们所认同的集体。

另一个与逆火效应遥相呼应的常见的认知偏差是主动信息回避。它不仅涉及对信念的质疑，威胁到个人认同，而且还涉及对个体潜在有用的信息。重度吸烟者并不会更多地阅读香烟与肺癌之间关联的研究文献，正如饮酒者不会更多阅读酒精与肝病之间关联的研究文献。他们知道，至少隐约知道，但不想了解更多。

此外，还有一个研究是关于不太为人所知的疾病：亨廷顿舞蹈症，这种疾病目前还没有治疗方法，可能是致命的。这是一种所谓的显性遗传疾病：如果父母中有一个患有这种疾病，那么子女就有一半的可能患上这种疾病。

经济学家会告诉你：如果你知道自己的寿命可能比普通人短20年，那么这可能使你以不同的方式生活，不用为老年储蓄，也可能决定不生育，避免孩子同样携带这种疾病的基因，总之生活的组织方式将有所不同。理性而言，你有充分的理由去尝试知道。

但是心理上的代价是沉重的，以至于只有5%的潜在患者接受了测试。这是众多对"理性经济人"的理性限制之一，我们在不同程度上都经历过：你是否从不厌恶去看医生？或者不愿意拆开一封包含敏感医学分析结果的信件？你在生活中一定遇到过如此迟疑的人。

认知偏差的力量

另一个有趣的测试证实了这种认知偏差的力量。它包括询问人们是否认为自己比平均智力水平更聪明。大多数人的回答是肯定的。显然，这在统计上是不可能的，当人们被问到是否认为自己是很好的司机时，答案也是一样的。当被问及这个问题时，第一组测试者被告知："已经对你们周边的人进行了调查，好消息是，调查结果证实了你们对自己的描述——人们认为你们比平均智力水平更聪明，更有吸引力。不幸的是，测试没有揭示原因。你们想知道更多吗？""当然！越多越好！继续调查！提供所有细节！"他们回答说。

另一组人被告知："向周围人进行的调查结果使你们给出的自我评判价值降低了。不幸的是，人们认为你们的聪明程度不及平均水平。但是我们不知道为什么。你们是否希望继续调查？""嗯……不。""如果我们付钱给你们呢？""不，不，真的不要继续！"他们回答说。

这些测试的结果是恒定的，无论是关于健康、外貌、智力或是社会成就：我们并不真正想知道人们对我们的看法，特别是如果我们

4 学习之前，先要忘却

感觉印象会是负面的。你相信这一点吗？不需要行为科学的博士学位，一个简单的脸书账户就足够了：我们有多少"朋友"在想或说了我们的坏话，有多少人表达了与我们截然不同的想法？——非常少。相反的是：有多少人强化了我们的信念，有多少人属于一个相互认同的部落，并且希望被承认为这个部落的一员？——大多数。

戳破"信息泡沫"

与一般的社交网络一样，脸书的算法将这些个人认知偏差的影响放大了 10 倍：它为你提供了"朋友"和信息，这些信息与你已经喜欢的方向一致，与你已经了解的信息一致。毫无疑问，正是认知偏差和算法偏差的交叉融合，使得打破互联网制造的信息泡沫变得如此困难，而这些泡沫允许虚假新闻肆意横行。在"舒适友好"的水域航行，真是太好了，太让人安心了。

但是与普遍看法相反，我认为在互联网和计算机社交网络诞生之前，这种现象并没有减轻多少。纵观历史，所有那些试图推动人类走向更理性、更科学严谨、更公开辩论的人，都面临着极其有效的"信息泡沫"的阻碍。我们阅读或重读早期的古希腊哲学家、民主人士，18 世纪首批启蒙思想家……直到互联网的创始人的历史——研究学者认为，信息、理性和科学证据的大规模传播，以及前所未有之规模的民主辩论，必然会改善民主化进程。不过这还不够，很大程度上是因为我们的认知偏差普遍存在，因为我们需要在一个群体中得到认可。

但是，在某些情况下，我们更能够面对不愉快的消息或接受对我们信念的质疑：当我们感受到关心、陪伴、聆听以及某种方式的爱时。而且，无论如何，这些都需要时间。

在信息爆炸的时代，我们如何创造这样的条件？如何将理性置于情感之上？城市规划师和哲学家保罗·维利里奥警告，自 20 世纪

70年代中期以来，世界正在加速发展。2010年他在《解放报》的言论在今天仍然是热门话题："我们正在经历一种情感的和谐同步，一场情感的全球化。与此同时，在这个星球上的任何地方，每个人都可能经历同样的恐惧，对未来存有同样的担忧，或者同样的恐慌。真是难以置信！我们已经从舆论的标准化（通过新闻自由成为可能）转变为情感的同步。例如，情感共同体从此支配了社会阶层的不同利益共同体，界定了政治上的左翼和右翼划分。我们的社会生活曾经建立在一个利益共同体上，今后则生活在'情感共产主义'之中。"

我们如何重新创造能够让我们考虑到其他人的观点，使我们可以克服心理障碍的辩论场所？这也许是人类当前面临的最大挑战之一。更加复杂的是，一旦我们承认了他人的认知偏差的力量，也就必须承认自己可能依赖于认知偏差！怎么才能避免陷入这种对知识的拒绝，避免这种主动信息回避呢？

通过经验学习

这个问题应该是当今任何学校课程政策制定的核心。我们可以，也应该，从幼儿园阶段开始就设想一些小练习，帮助我们改变自己的观点，并鼓励采纳他人的观点。在这方面，"动手做"项目堪称典范。项目鼓励学生将自己转变为科学家来解决难题。有趣的是，项目支持者的最初目标并不是促进科学。无论是天体物理学家皮埃尔·莱纳与伊夫·凯雷，还是诺贝尔物理学奖得主乔治·夏帕克，首先他们都强调了实验的优点，能够让孩子们面对现实和他们的现实表征之间可能存在的差距。当你开始做一项实验时，在笔记本中仔细记录下每个步骤，你会发现现实可能是违反直觉的。不管老师多么睿智，多么令人信服，用经验来自行验证和听老师讲述是完全不同的。

化学家理查德—埃马纽埃尔·伊斯特也拥有认知科学博士学位，他很早就参与"动手做"项目的推广。他创建了"勾形原子"（口语

4 学习之前，先要忘却

中意思为"与某人有共同点，从而产生共鸣"）协会，并设计了一系列反直觉的实验，例如在水中生火。

据伊斯特介绍，操作这些实验甚至可能引起神经元网络结构的改变。他以一种名为"别构调节"的蛋白质活性的调节机制进行类比。我们的神经元网络与分子相互作用的网络有些相似，可以固定在一个特定的结构中。将神经元网络切换到另一个结构需要大量的能量和重构。涉及分子网络重构时，这种能量就是温度。涉及神经元网络重构时，这个能量不是温度，而是好奇心和善意的动机。存在一种神经生物基础，使我们很难改变想法或观点。

如果我们处于压力环境中，感到受威胁，那么我们会更容易顺应现状，特别是在其他人也处于这种情绪的情况下。但是，如果我们处在一个安心的环境中，我们可以接受自己错误的解释，甚至可以在不造成损害的情况下进行改变，那么就可以理解我们最初的思想状态，可以接受被一个与我们的思维方式相矛盾的现实所干扰，并有可能愿意做出改变。

寻找快乐、幸福和意义

我们也受到许多生理偏差的影响，因为我们生来就是如此，倾向于寻找能给我们带来愉悦的感觉。食物，我们赖以生存；性，对我们的繁殖至关重要。但总的来说也有回报，因为我们是社会性存在。

我们曾经在饮食中缺乏糖、脂肪或蛋白质的地方进化。因此，只要有机会，我们便很乐意吃这些食物。在此情况下活跃的神经元网络会释放一种神经递质——多巴胺。但多巴胺并非没有负面影响。美国医生、饮食紊乱专家罗伯特·卢斯蒂格在《美国思想的破坏者》中解释了这种现象。《世界报》报道："这种以多巴胺为基础的享乐追求是幸福的敌人，幸福取决于血清素……从社交网络的使用到糖和加工食品的消费，廉价的快乐从来没有像现在这样无处不在，大量产品和服务不断推陈出新，而这些新产品和服务被推销宣传为幸福的必要条件。

快乐、幸福，这两个词是美国儿科医生和神经内分泌学专家罗伯特·卢斯蒂格最新著作的核心，这本书已经在美国出版……加利福尼亚大学旧金山分校的教授提出了一种引人注目的科学观点，对西方社会具有重大影响。

他解释，幸福不仅不是享乐积累的自然结果，相反，疯狂地寻求享乐会抑制充实感和满足感。"

卢斯蒂格强调了一个众所周知的事实，即许多成瘾现象，如酒精、烟草、毒品或赌博，都是通过相同的途经发展起来的。他谴责那些贩卖享乐的商人，利用我们对快乐的追求来实现利润最大化，损害我们的健康，最终损害我们的幸福。他呼吁我们意识到这些偏差，也要求法律监管来保护我们，并鼓励我们与所爱的人一起开展活动，比如一起烹饪和饮食，这些活动更有可能帮助我们找到幸福。

心理学家雅克·勒孔的著作对此进行了补充，他致力于研究什么能为生命赋予意义——与所爱之人共同做点什么，正如卢斯蒂格所建议的，做有创造力的事情，参与影响力远远超出我们自身的活动。

实验，直觉的阻碍

通过实验满足好奇心可以使我们体验到激活神经元网络的小乐趣，这使我们对现实能有一个更科学的解释。这是"动手做"或"知识冒险家"项目的使命，更广泛地说，是所有认为科学方法对于公民身份必不可少的人的挑战，这不仅仅因为我们生活在一个更加科学化的社会中，还因为这使我们能够理解如何由错误的直觉转变为另一种思维方式，以及如何逐渐抑制这些直觉。

科学方法的主要目的是尽可能消除另一个偏差：意识形态。当我们的价值观受到威胁时，达成一致确实变得更为困难，这就是为

4 学习之前，先要忘却

什么科学家往往比政治家更容易形成共识。最著名的例子是原子弹。无论是苏联人还是美国人，20世纪40年代和50年代的科学家们在一件事上达成了绝对一致的看法：如果有人敢于按下错误的按钮，原子的知识和控制上的发展可能会导致核末日灾难。他们一致认为，必须采取一切措施防止一个国家走到这一步，这也诱发了1957年帕格沃什运动的诞生，因其对消除核武器的贡献，该运动获得了1995年诺贝尔和平奖。在最具道德的政治和社会模式上，科学家们可能没有形成共识，但至少他们一致认为，原子弹有可能毁灭一切。

摆脱自己的价值观

虽然不像战后东西方之间的冲突那样激烈，但所有人类群体都受到价值观深刻分歧相关的影响。美国心理学家乔纳森·海特（Jonathan Haidt）在他的著作和TED演讲中清晰地展示了这一点。他描述了所有社会中，个人道德所基于的五个基础。

第一个道德基础是照护，照顾、保护他人，这使得母亲保护自己的幼童，也使得我们同情同类或遭受痛苦的人们。当我们所爱的人受到威胁时，它与我们心中的敌意交织在一起。第二个道德基础是互惠和公平，它建立了兄弟情谊，也建立了正义的概念。第三个道德基础是团队忠诚，它使人类能够在动物界中形成未知规模的社群，在这个社群中，只有几十个个体（通常是亲戚）设法合作——你在赫拉利的著作（尤其是在《人类简史》）中会发现相同的观点。海特开玩笑说，对这种价值的依恋既体现在最好战的领域（组建军队发动战争），也体现在娱乐领域（为团队提供支持）。但我们应该忠实于哪个群体？朋友，家人，部族，社区，城市，地区，国家，大洲，星球？为什么我们要在从属的这些群体之间进行选择？第四个道德基础是对权威的尊重，同样来自我们哺乳动物历史的传承。但是是哪种权威呢？使人成长的权威，米歇尔·塞雷斯回答，他回到

"权威"这个词的词源，即拉丁语 *auctoritas*，它的词根与 *augere* 的词根相同，*augere* 的意思是"成长"。第五个道德基础是纯洁，以及它可能的神圣性。神圣的事物对每个人可能都不同，但与我们活动的核心相对应。通常，最尖锐的冲突是关于公平、群体、权威或神圣的价值观冲突。因为我们认为那些道德与我们不同的人是非道德的。

海特认为，我们在这些道德基础上的定位，都非常接近地反映了我们的价值偏好。但是，他研究的主要目的是表明，背离一个人的价值观有多么困难，承认他人对世界的看法与我们的看法同样可成立或合法有多么困难。我们是神经元网络和认知偏差的囚徒，也是道德价值观的囚徒。

然而，对此教育并非无能为力。巴黎—蒙塔涅协会的联合创始人，生物学家利维奥·里博利—萨斯科因此创立了一个工作坊，他首先为郊区的青年人开展科学入门教育，然后扩展到冲突地区——巴勒斯坦、以色列……他真实地见证了这些政策的局限性："我们可以提供足球，来安抚冲突中的青年人。足球有可能因为撞击、犯规而中断，有时候是出于民族主义。但足球也可以成为一项将人们聚集在一起公平竞争的运动。科学也是如此。"

在尽可能中立的科学领域中工作，可以让你学会与他人合作，认识到对方是一个理性的人，并引导他在某一天谈论更复杂的话题。当我们假设对方并不是愚蠢、无知和系统性的恶毒时，当我们承认可能在其他地方存在差异，却仍然能够彼此达成共识并在科学真理上意见一致时，任何事情都有可能，甚至是最好的——特别需要强调的是，这个科学真理只是短暂的共识，随着我们对世界认识的加深，它可能会受到质疑。

学会说"我不知道"

将这些方法纳入学校课程的先决条件是培训任课教师。我说的

4 学习之前，先要忘却

培训不是指科学上的，尽管最基本的科学是必要的。而是能够在学生面前说"我不知道"，与学生一同开展调查，承认自己的直觉可能会因认知偏差而扭曲。

在教育领域，当你考虑认知偏差对一个国家的影响时，其中一些认知偏差是相当可怕的。皮格马利翁效应是最著名的效应之一：如果我们告诉老师他有一些优秀的学生，无论是不是真的优秀，在学年末这些学生会取得更大的进步！教师对学生的看法对学习有重要影响，教师对学生抱有很高的期望，创造了更热情的氛围，提供更多有关学生学业表现的信息，教授更多、更困难的内容，并提供更多的机会让学生提出和回答问题。

学生对自己的看法也是如此——这种现象众所周知。假装给学生同样的练习，给班级一半学生一个简单的练习，给另一半学生一个不可能完成的练习。前一半学生成功了，后一半学生失败。以同样的方式重复这个操作，结果相同。然后进行第三个练习，这一次相对简单，对每个人都是相同的。80%的学生成功，20%的学生失败——所有失败的学生都属于之前失败的班级后一半。习惯了成功，你就更有可能成功。如果习惯了失败，你可能会"无缘无故"地失败。

我们学习的成功和失败，很大程度上可能与诸如此类的认知偏差有关，更普遍的是与我们对大脑功能的不了解有关，对于许多人来说，这仍然是一个黑匣子。

我思与众不同，故我在

我们的大脑也会被社会偏差欺骗，这些偏差与我们对群体的从属，对意识形态的认同有关。在美国进行了一项关于环境气候的立场的实验。询问个体是否相信全球变暖，我记得这是一个证据充分的科学事实。单从受访者的受教育水平上看，我们无法区分那些相信和不相信气候变暖的人，而政治分歧此时发挥了作用：在学历较低的情况下，共和党和民主党选民中都有许多人相信（或不相信）气候变暖。相比之下，受教育水平越高，共和党人越对气候变化持怀疑态度，而民主党人就全球变暖问题的现实则倾向于深信不疑。这是社会偏差的一部分。社群偏差也会加剧个人偏差：如果你相信你所在社群中的每个人都以某种方式思考，那么你会寻找支持这种观点的论据。

这就是雨果·梅西耶和丹·斯佩伯在他们的"推理论证理论"中所阐释的，纪尧姆·德拉梅里在法国科学信息协会的网站上对此总结为："这一理论假设，决策通常是凭直觉做出的，推理仅用于事后证明为什么要做出这样的决定。推理的主要功能不是增进知识、寻求真相或做出更好的决定，而是在辩论中说服对话者，并找出那些试图欺骗你的人。"

恰当使用互联网工具可以帮助我们克服这些偏差。但是社交媒体又带来了另一个偏差：确认偏见。我们倾向于选择顺应于个人偏好的信息渠道。如果我们发现一个网站与我们的信念背道而驰，我们通常会不再访问它。虽然我们拥有前所未有的历史机会来获得无限开放的知识，我们还是选择与那些与我们想法一致的人在一起，因为这肯定了我们思想的合法性，也证实了我们存在的合法性。当前的开放性是一种错觉。信念的坚定正在不断加强。

好消息是，解药是存在的，包括我刚刚描述的美国实验。一小部分人逃脱了他们所处社群的主导行为。他们有什么共同之处？好奇心——也许是21世纪最重要的品质！怀疑程度最高的人，更倾向于使用矛盾的信息来改变他们的想法，因为他们在寻找惊喜。

我坚持认为：大脑在面对始料未及的信息时，儿童和成年人、未毕业和高学历的人拥有的困惑可能是相同的。就像在这个认知实验中，实验室的学生都是心理学专业的，在实验过程中他们收到的数据显然与我们刚刚向他们解释的内容相矛盾。我们想让他们发现所谓的基因调控机制是如何运作的，这一发现使得安德烈·利沃夫、

4 学习之前，先要忘却

雅克·莫诺和弗朗索瓦·雅各布获得了诺贝尔生理学或医学奖。问题在于这一标志着我们在理解基因工作原理上的重大突破的机制有时是违背直觉的。有点像相对数的规则，理解它令众多学生非常困惑，必须理解"正数乘以正数"和"负数乘以负数"都会得到"正数"。研究人员要求学生大声地说出实验结果。只有少数人成功，他们的第一反应都是或多或少地表示："这很有趣，它和往常不一样了。"这些人只占10%，其他人都被关在"这行不通"或"这有毛病"的笼子里，从而阻止了他们继续深究。

为了说明我们接受科学范式的转变是多么困难，我在前文提到的托马斯·库恩借鉴了杰罗姆·布鲁纳和利奥·波斯特曼在20世纪40年代末进行的另一项著名实验。如果你还没有做过这个实验，那体验会是这样的：你很快会得到一些纸牌，然后必须说出每张纸牌的花色和数字。在快节奏下，几乎没有人注意到已经引入了陷阱，例如红色的黑桃4或黑色的红桃3。每个人都会说红桃4和黑桃3。然后放慢节奏，节奏越慢，注意到不一致的人就越多。然而，即使节奏非常慢，仍然会有一些人意识不到错误，甚至会说："我受够了，我想去上厕所，我想喝杯水，我想做其他的事情，这个练习太糟糕了……"

所有这些关于"认知视盲"的实验表明，我们每个人都有偏差，但有些人比其他人偏差更大，在面对显然与现有类别不一致的东西时，更不能——甚至完全不能创建一个新的类别。库恩用这些异常现象证明，即使对于原则上习惯于产生怀疑的科学家来说，察觉一个新的类别也不是很容易。很多人会说："这种异常现象我不感兴趣，它不符合我的范式，所以我不会花时间关注它，我还有其他与我喜欢的范式相关的事情要做。"毋庸置疑，不在异常现象上浪费时间往往是正确的！后者可能是统计或实验误差造成的，不值得花时间在上面。但是，如果我们从不质疑它们，那么，我们就会错过范式的转变。

换句话说，面对异常时，我们会系统地假设已有规则有一个例外，不会对规则提出质疑，还是我们给自己一个机会，进一步检查这个偶然的异常有没有可能指向新的规则。

质疑的高峰期

好奇心和肌肉一样：可以进行锻炼。如果让儿童和青少年习惯于重复昨天问题的现成答案，这将减少他们对意想不到的事物的开放性思考。鼓励他们提出问题，激发他们的好奇心，使他们能够对过去深信不疑的事情产生疑问。让我们尽快开始吧！

质疑的高峰期可能与好奇心密切相关，一般是在4岁——如果你有或你曾经见过4岁的孩子，你就知道了！我们如何应对孩子们的这些问题？我们是否也像我儿子的老师一样，认为孩子"提出太多问题"？我认为，一个主要根据孩子对昨天问题的答案来评估他们的教育系统忽略了一些东西，特别是昨天问题的答案存在于机器中时。昨天，知道昨天问题的答案可能会很有用，因为前天的世界和昨天的世界非常相似，它们紧密相关。但是，在一个总是不断变化的世界中，昨天的答案都存在机器中，如果我们不能最起码找到现有问题的新答案或提出新的问题，那么我们将错过一些重要的认识，来理解和思考我们正在经历的转折。

一些方法可以引导儿童从很小的时候就了解代表性偏差的影响和提问的优点。我想到了一项在世界各地诸多学校完成的实验。实验涉及儿童随身携带的日常物品。我们要求他们仔细观察。然后，将物品拿走并请他们画出来。一旦他们画好了，我们就拿出物品，询问他们的物品表征和物品之间的区别。我们让他们思考这些差异的原因。逐渐地，孩子们意识到记忆和表达并不容易，纸上的表达和心理上的表达是完全不同的。他们真切地发现了主观性。

我们随后要求儿童相互比较他们的图画。他们意识到彼此之间

4 学习之前，先要忘却

有很大的不同。为什么呢？答案还是多种多样的。也许他们对物品看法不同。也许在家中，他们最常看到的物品的原型（代表他们对物品的看法）有所不同。尽管很大程度仍然是无意识的，他们发现每个人的观点都存在偏差，既是因为那一时刻的看法，也是因为不同的个人经历，再加上描绘各种物品可能遇到的困难——事实上，他们并不都很擅长画画。

最有趣的是：设计了这些实验的"阿育王伙伴"吉尔达·达拉说，接受过这些训练的儿童在操场上的暴力行为有所减少。她给出的解释很简单，在我看来也是合情合理的：当儿童不同意某个事物时，相较于认为对方很笨或很坏，他们意识到对方有另一种观点，另一个角度。如果还能够进行对话，大家就可以合作而不是互相殴打。

盲人摸象的寓言

此次经历让我想起了一则我经常讲述的亚洲寓言。

一个阳光明媚的日子，六个来自印度斯坦的盲人，他们受过良好的教育，好奇心旺盛，他们第一次遇到大象，想丰富自己的知识。

第一个人走近大象。摸着大象广阔而结实的一侧身体，他惊呼："上帝保佑，大象就像一堵墙！"

第二个人摸到象牙叫道："哦！哦！圆润、光滑、锋利！对我来说，这头大象像一把长矛！"

第三个人走到大象面前，握着那只摇摇晃晃的鼻子说："对我来说，大象就像蛇。"

第四个人迫不及待地伸出手，摸到大象膝盖，坚信大象像一棵树！

第五个人不小心抓住了耳朵，说："即使对最瞎的盲人，这头神奇的大象也像扇子一样啊！"

第六个人摸索着大象，抓住了那条扫过空气的尾巴，感觉像一个熟悉的东西："我明白了，"他说，"大象就像一根绳子！"

然后，这六个盲人进行了长时间的激烈争论，每个人都陷入了这样或那样的极端，坚持认为自己是正确的。

一位智者经过，听到他们的争论，他们似乎意见不一致。

"你们为什么如此激动？"智者问。

"我们无法就大象的长相达成共识！"

六位盲人告诉智者自己的想法。智者带着微笑，向他们解释："你们说的都是真的！如果你们每个人对大象的描述都不一样，那是因为你们每个人都触摸了大象的不同部分！大象确实有你们所描述的全部特征。"

"哦哦哦哦哦哦！"大家叫道。讨论就这样结束了！他们都因为说出了真相而感到高兴，每个人都触及到了一部分真理。

这则寓言既适用于我们刚刚提到的孩子，也适用于来自不同学科的科学家，他们认为自己能够独自描述一种现象的复杂性，而我们需要不同学科的视角。

如果你试图从历史学视角来理解第一次世界大战结束时的西班牙流感，你会认为西班牙流感是由各地生活条件以及冲突结束后的人口迁移造成的。如果你从分子生物学家的视角出发，你只会记住与流感病毒突变有关的解释。但是，在我看来，两者是互补的，如果你真的想了解发生了什么，则两者均必不可少。每个学科都知道如何将注意力聚焦在现实的一部分上，但是可能看不到其他维度。从而错过了视野范围中显而易见的"大猩猩"。

以碳为例，我们可以从化学（例如描述 CO_2 分子的分子结构）或生物学（生命为什么需要碳）的角度来研究它，也可以从气候变化、能源消耗、造型艺术（有很多方式可以描绘碳或以它为材料进行绘画）的角度；你甚至可以写诗或读有关碳的小说。有些孩子会对

4 学习之前，先要忘却

碳的某一个角度产生更浓郁的兴趣，但这是一个绝妙的机会，孩子们最终会明白，它始终是同一实体，不同表征取决于实体所在的语境，每门学科都只提供其中一种表征，而这些表征并不等同于现实，仅仅是能够便捷地描述这一现实的表征。然而，在法国这样的国家，每一门学科都常常表现得像印度寓言中的某一个盲人。

因为我经常讲这个故事，艺术家蒂博·弗兰克应雷米·萨布罗请求以这则寓言为灵感制作了一个雕塑。雷米在阿尔勒组织了一次会议，可惜我无法参加。

这一雕塑由各种各样的不同材质的物体组成，包含多只大象。当我被蒙住眼睛摸索这个物体时，我完全无法认出它，雷米拍摄下这些画面，记录在为此次会议制作的视频《禁止看它》中。他还让六名蒙着眼睛的人扮演盲人，在阿尔勒的舞台上重复这个实验。后来，我让100多名CRI访客来尝试这项练习。最有趣的是我的朋友哈佛大学教授罗伯·卢，他蒙住眼睛后告诉我："这是一棵棕榈树！"又说，"我真的是一名生物化学家！"含蓄地强调分析纯化的蛋白质只是理解生命复杂性的一种方式。然后他要求整整一届学生来做这项练习。单独一个人能够理解物体的某一碎片，他是钢琴家和科学家，一只手探索雕塑的细节，另一只手探索雕塑的全局。但是每个人都明白这个寓言，也明白我们需要共同努力来更好地理解世界上各种不同观点的互补性。正如埃德加·莫兰所建议的，在更大范围内进行这一练习以教授复杂性，这将会非常有趣。

走出你的筒仓

在大多数国家，大学的教育和研究组织形式导致了偏差的加剧，因为大学里每门学科都像一个筒仓，与其他筒仓之间的交流很少。这样的组织本身并不是不合逻辑的或低效的，它甚至对科学的进步至关重要，其汇集了具有相同学科背景和方法的研究人员，使他们可以走得更远。问题在于，我们所做的一切从不鼓励我们离开筒仓。要找到一份工作，你必须在自己的学科达到精通（第一层筒仓），并在当地找到一个与你相处融洽的团队（筒仓中的筒仓）。

在法国，与小学教师不同，中学教师是在这些筒仓中接受培训的。以至于当我们鼓励他们以不同的方式思考时，效果并不明显。每当国民教育试图在课程中引入一些跨学科内容时，只要看到教师的持续反应，就足以让人相信这些筒仓的力量。除了少数执着的教师外，大多数人并不质疑这一原则的重要性。但是，很多教师没有足够的机会尽早体验它，他们认为，只有充分掌握了学科基础之后，才能在更高水平上尝试跨学科教学。

问题是，你必须深入研究一门学科后才能与他人开展对话——这一观点可能会长时间存在。我经历过。我对细菌的进化很感兴趣，基于我学过工程、数学和物理。我开始研究遗传学，并对分子生物学产生了兴趣，就这么转换了研究方向。直到有一天我声称对进化论和生态学感兴趣。他们对我说："不，不，你只有在职业生涯的末期，才有权从分子生物学转向进化论。"我们是否应该等到获得诺贝尔生理学或医学奖后再研究进化领域？我继续前行，坚信我们只有从进化的角度才能真正理解生理学或医学和基因组的本来面目，原因很简单，因为显然是为了应对进化挑战，分子成分才发生了进化。如果我们能够同时与分子生物学家、抗生素专家和进化论专家交谈，那么我们的研究可以做得更精细，比如更好地了解如何在医院使用抗生素来治疗先天性黏液稠厚症。

跨学科无年龄界线

在这方面，有些国家不像我们这般僵化，在基础教育阶段和本科阶段提供了科学或人文学科的通识教育。我认为他们是正确的，从小学起实施这种教学方法，然后在中学阶段持续发展是非常有益

4 学习之前，先要忘却

的。帮助儿童从不同维度来理解问题，给他的帮助要远远大于所造成的困惑。如果他能够围绕某个主题建立联系，那么也能更轻松地巩固对这一主题的理解。这时展示每门学科特有的研究方法是必要的，同时也让他意识到对象的复杂性，可以从不同的学科视角来开展研究。

我不是唯一持此观点的人。其实，在知名度最高的国际评估（PISA）中表现最佳的国家就是这么做的，这些国家不仅在语言素养上，而且在科学或数学素养上都极为出众：芬兰，加拿大，韩国，新加坡，等等。他们意识到，跨学科实践没有最低年龄限制，而且相反，这并不妨碍获取基本技能——在法国，这可以用"读、写、算"来概括。

研究表明，无论学习什么，进入学习的关键是学习动机。当你有动机去理解主题或与他人交流时，阅读、写作和计算就是有趣的活动。如果你想看具体的例子，了解我们如何与儿童一起实施这些交叉学科的方法，请访问"知识冒险者"网站。你会发现，在我先前提到过的安索尔班级关于蚂蚁的学习中，学生们如何撰写有关蚂蚁的诗词和歌曲，并研究了蚂蚁与澳大利亚原住民的关系，甚至与蚂蚁一起学习英语，而这一切都严格遵守课程大纲的要求。你还可以看到吉伦特省朗贡市艾米丽·瓦切尔的班级里，小学四年级学生在进行有关大脑的学习，他们通过交换气球来模拟神经冲动在突触间的传递，从而将体育和神经生物学结合起来。还有许多例子能证明这种教学的优点，美国称其为"T型人才"教学。竖线象征了锚定在一门学科以及深入研究各个领域的重要性。横线代表了与其他知识领域展开对话的迫切需要。

在世界各地，各界人士已经组织创建了新的研究空间，这些研究空间基于集体智慧的优势，并打破了学科或制度障碍。让我们看一看其中几个代表。

急不可待的患者

坦普·葛兰汀是美国生物学家和动物学家。她出生于1947年。在她3岁时，她的母亲被告知她遭受了不可逆的脑损伤，将无法学会阅读，一生将一事无成。

实际上，她患有自闭症，但当时对自闭症的了解还很少：诊断不明确且不存在治疗方案，以至于坦普的母亲自行拼凑了她认为适当的方案。后来，坦普表示她母亲"独自发现了当今医生使用的标准治疗方法"。但最重要的是，坦普本人记录并分析了自己的自闭症。她还以自己的经历撰写了一本名为《用图像思考》的书籍。在书中她解释了自己的思维方式。2010年，米克·杰克逊执导了一部讲述坦普·葛兰汀一生的电影，电视剧《国土安全》的女主角克莱尔·丹尼斯扮演了坦普的角色。坦普说并不是所有自闭症患者都可以成为硅谷的顶尖研究人员或天才程序员。她解释道，自闭症的范围很广，一些患者甚至无法使用语言，而另一些患者成为某些领域的天才，尤其是在对细节的关注或复杂图表的直观理解上发挥了作用。但她还是从自己的经验中汲取了一些对所有人都有价值的教训，特别是在激发孩子的注意力的重要性上，并着重强调学校应该同样重视那些发展了抽象思维以外的智力形式的学科——她提到了手工劳动和艺术实践。

坦普是一名积极的患者。面对不仅无法治疗而且似乎不愿尝试深入了解她的医疗机构，她探索了自己的病理并推动了研究的发展。

社会—科学—企业家

莎朗·特里是一位急不可待的患者母亲。2016年她在TED演讲中分享了自己的故事。

这个故事始于1994年圣诞节前两天。由于担心7岁的女儿伊丽莎白的脖子上的皮疹，她带女儿去看了皮肤科医生。医生诊断为弹

4 学习之前，先要忘却

性纤维性假黄瘤（PXE），这是一种罕见的遗传性疾病，可导致严重至失明的眼部疾病和严重的心血管疾病。PXE 是一种退化性疾病，有些患者会在 30 岁左右死亡。更糟糕的是，皮肤科医生看了伊丽莎白 5 岁的弟弟伊恩一眼，发现他也是这种疾病的携带者。

莎朗·特里让孩子们抽取了血液样本，以确认诊断并在波士顿进行基因研究。几天后，为了获得参考意见，她咨询了一家纽约的实验室。后者要对孩子们再一次采集血液。莎朗感到惊讶，当她建议纽约实验室的工作人员利用波士顿实验室所采集的血液样本时，研究人员笑了。共享数据？绝对不可能！就这样她发现了科学研究的悲惨现实——不仅仅是生物医学，所有学科研究团队之间都存在相互竞争。她对此极为震惊，决心更改"游戏规则"。

PXE 研究的"燃料"是什么？患者的 DNA 样本和病历。因此，莎朗与丈夫成立了一个非政府组织，收集世界各地的数据和样本，免费提供给研究人员，条件是他们共享这些数据和样本的研究结果。为了收集更多样本，这对夫妻建立了家庭实验室，并学习如何提取 DNA。然后他们组建了一个研究团队，并决定开发标准化工具以便能够对其他疾病进行治疗。"基因联盟"由此诞生。它为研究人员提供数据，共同署名了基于她提供的数据而撰写的数十篇科学文章。

这是公民科学最成功的例子之一。不仅越过先验的无形壁垒推动了科学发展，而且还促使时任美国总统巴拉克·奥巴马提倡个人保有被采集基因样本的所有权（奥巴马甚至在他的团队中设置了一位致力于开放科学的顾问，这里的开放科学指面向公民开放的科学）。莎朗·特里是社会与科学企业家的典型代表——"社会-科学-企业家"。

莎朗·特里并不是第一人。人人都知道电视募捐活动"电视马拉松"，但是很少有人知道"法国抗肌病协会"（AFM）是由尤莲·德凯珀于 1958 年创立的，尤莲是 7 个孩子的母亲，其中 4 个男孩患有杜氏肌营养不良症。1987 年，另外 2 个同病孩子的父母伯纳德·巴拉托德和皮埃尔·比兰博说服法国公共电视频道"天线 2 台"借鉴

21世纪的学习

1966年美国倡议创办的公众慈善募捐活动。今天，AFM管理着全球最大的基因治疗药物生产实验室，并推动了"生物疗法研究所"的建立。如今，该研究所是全世界研究的领导者之一。那时需要近半个世纪的时间来实现这些举措，随着数字技术和参与式科学的普及，现在我们能够在几年的时间内创建出高性能的公民科学生态系统。

严肃的游戏

"蛋白质折叠游戏"就是这种情况——其字面意思是"折叠"，它对我理解学习的新挑战起到了决定性的作用。

该项目诞生于西雅图华盛顿大学的一次交叉学科会议上，它由生物化学家、蛋白质专家大卫·贝克和游戏设计专家左兰·波波维克共同开发（在法国召开这种会议的可能性微乎其微：游戏不被认为是一门严肃的学科，即便被认为是严肃的学科，幸运地遇到一名生物学家的概率历来很低）。

当时，大卫·贝克试图对蛋白质结构进行建模，这是一项复杂的任务，对计算机计算能力的要求极高。然而，贝克无法获取足够的计算机资源。他的第一想法是使用一个网络，这个网络最初是由收集和分析来自太空观测的数据的人建立的，叫作"在家搜寻外星智慧"（SETI@home）。参与者同意让他们的个人电脑始终保持连接状态，当他们什么都不做的时候，程序保持运行，这就像小溪汇成河流一样提高了计算能力。

大卫·贝克使用SETI@home（他将其重命名为Folding at home）来运行他的蛋白质折叠程序。一些参与者好奇地看着屏幕上的程序运行，他们写信给贝克：他们认为贝克的算法并不是最优的。贝克将想法透漏给波波维奇，后者告诉他这是可能的："这是3D视觉问题；人类非常擅长3D……我们可以请大众帮助你，但是他们可能会感到无聊……除非我们设计一个游戏，就像一个3D拼图。"蛋白质折叠

4 学习之前，先要忘却

游戏就这样诞生了。

最初，这个游戏让参与者对已知结构的蛋白质进行判断，并帮助他们理解蛋白质折叠的规则。然后，它逐渐提出一些没有人能解开的谜团。游戏非常成功，因为设计它的初衷在于教授玩家一些内容，教授玩家如何最好地呈现问题，吸引玩家的注意力并推动他们前进。还有另一个原因：游戏的目标是有意义的，游戏承载的研究目标是帮助找到艾滋病药物——成千上万的人准备迎接的挑战。"玩过"这个游戏的数十万玩家中，有数百人甚至解决了计算机计算不了或编程策略无法处理的蛋白质结构，为医学研究的进步做出了直接贡献。顺便说一句，我们发现一些专门研究该主题的研究人员，无疑是认知偏差的受害者，比起那些允许自己在不熟悉的框架范围内思考的新手，他们在游戏中的表现要差一些。

游戏一直在不断完善。通过收集参与者表现发挥的数据，我们了解到，有些玩家在游戏开端表现更好，另外一些玩家则是在中段，而其他玩家则在游戏尾声阶段，这使得可以通过组建团队，或允许玩家群体自动化他们的方法，进一步优化研究发展。其中一些游戏玩家共同参与了撰写论文，并已在著名期刊《自然》上发表。

参与式科学和公民科学

电视马拉松、基因联盟、蛋白质折叠游戏……你可能认为这些示例并没有从根本上改变游戏规则，参与式科学和公民科学仍然是坊间趣事，大多数知识仍然是由传统组织产生的。但我坚信，今天此类例子如此之多，不能被视为例外。实际上，这是一种范式的转变，数字技术使之成为可能，使我们重新考虑过去沿用的类别观念。蛋白质折叠游戏最好的玩家中，有一个孩子和一名在研究实验室工作的行政秘书——这不是虚构的！

我还高兴地看到，一些大型机构已开始将这些方法纳入其研究项目。法国国家健康与医学研究院每年培训数百名患者或患者家庭，使他们参与新的治疗方案。自2012年以来，居里研究所一直在支持"哨兵联合会"，它是由外科医生法比扬·雷亚尔和一名乳腺癌患者吉耶梅特·雅各布共同创立的，其目标是允许研究人员组建志愿者团队参与社会学、流行病学或生物学研究（临床试验除外），从而加速癌症疾病的研究。

如果你想亲身体验参与，现在就可以去"草坪实验室"之类的地方，它是由托马斯·朗德兰创建的向公民开放的生物技术实验室。朗德兰是CRI的学生，并且是麻省理工学院iGEM竞赛第一个获奖的合成生物学团队的成员。你可以在DIY实验室学习如何提取你的DNA（这在今天是一件轻而易举的事），这种体验可能会让你想在这条道路上走得更远……

也有一些其他游戏促进了科学发展，为变革做出积极贡献，并且帮助年轻人获得方法和知识。创建于2004年的"变革游戏协会"支持世界各地能够设计出对现实生活有影响的游戏的创作者。一部电影可以通过引起共鸣，促使你设身处地为他人着想，从一个角色的经历改变你对世界的看法。游戏则更进一步：你不仅是观众，还是演员。你将处于不同的情景之中，经历这些不同的场景，扮演一个角色……在这里，我们发现了一项前文提到过的基本技能：设身处地为对方着想的能力，这也是同理心的基础，这种能力有助于避免做出专横的判断，并尝试找到比强化我们自己的偏差（认知、社会、道德……）更新颖的解决方案。

技术无道德即是灵魂毁灭

游戏还允许我们以一种令人印象深刻的方式提出有意义的问题。为什么我们总是想做得更好？进步的意思是什么？我记得有一款由"变革游戏协会"开发的游戏，其目标是优化铁路网络的运行。最后，

4 学习之前，先要忘却

当我们赢得游戏时，收到了一条冰冷的信息："干得好，你成功地让人们更快到达奥斯威辛集中营。"几乎没有什么方法如此令人印象深刻和终生难忘，教会你在行动之前，必须对行为的目的和后果进行反思，而没有道德的技术就只是灵魂的毁灭。

在纽约，凯蒂·萨伦建立了一所完全基于游戏的学校，名为"探索学习"。学校课程由课程设计师构想，然后与游戏设计师合作。我在那里上了一门关于遗传学入门的初中课程。学生们没有像在法国那样谈论豌豆或蓝色瞳孔，以解释遗传密码的传递和概率、隐性基因导致的表现型、子代或多代出现表现型的概率，而是以怪物为入手点进行遗传学研究。

一开始，学生看到的是具有一定遗传特征的怪物——带有编码的基因反映了怪物的某些特征，即显性和隐性等位基因。所有的科学术语都出现在那里，但都在一个游戏的语境中使用。然后，孩子们必须决定一代又一代中哪些怪物可以繁殖：那些跑得更快，打得更加激烈的怪物……每节课结束前，孩子们还被鼓励提出改进游戏的想法。深层用意不仅是让同学们在随后的游戏中获得更多乐趣，还在于鼓励他们反思游戏伴随的所有互动，从而引导他们系统地思考。

"探索学习"的学生也赢得了纽约数学奥林匹克竞赛的冠军，鉴于大多数学生来自相对贫困的家庭，这一成就便显得更加引人注目。有意思的是，他们在考验合作能力的测试中表现得尤为出色。

如果你担心自己的孩子玩了太多游戏，请阅读凯蒂·萨兰的著作！而且，如果你擅长于某一个需要合作和系统思考的游戏，请不要忘记在你的简历中提及：一些招聘者说，他们雇用了一些在网络游戏中知道如何管理一个在线团队的玩家，因为他们很有可能在现实生活中做到这一点，而工作中越来越需要团队进行在线交流。

需要澄清一点：我并不是说所有学校都应该像"探索学习"学校一样开展教育。我的目标是让人们了解，他们可以在许多不同的环境中学习，并且更好地学习。游戏就是其中之一，在大自然中散

21世纪的学习

步也是其中之一，与朋友互动、在互联网上观看视频等行为都是其一。我们甚至可以通过参与传统的讲座来学习！

流动或不流动

如果说很难理解并且使人们理解这一点，一方面是因为对所谓的"非正式学习"的研究和量化数据不足，另一方面是因为所有学习都以"意识"为前提：仅仅学习或理解了一些东西是不够的。我还需要意识到这一点，特别是如果我想再次使用这种新知识或新技能的话。如果游戏从一个虚构的例子（如怪物或龙）中教给我遗传学的基础知识，那么首先我必须相信自己可以通过游戏来学习，并了解老鼠或人类的遗传基于同一基础。

除了教师，最好我的父母和朋友也相信这一点。我们中的许多人认为，如果学习不是在枯燥的环境中进行，如果它不造成一点痛苦，就是枉然的。这种观点是普遍的，却也是错误的。科学研究表明，只有当学习动机和快乐相互促进时，你才能学得更好。

匈牙利心理学家米哈里·契克森米哈采访了数百位在不同行业取得成功的人，尤其是在科学和艺术领域。他试图了解他们最有创造力和生产力的条件。每个人都把这段成功历程描述为一时恍惚：你不再感到饥饿、疲倦，你没有觉得在限制的条件下"工作"，你不再意识到时间的流逝。充其量，你意识到自己正经历一个特殊的时刻，不一定要对正在经历这一时刻的事实有任何反思。而是完完全全沉浸其中。这种状态，契克森米哈称之为"心流"，在他看来，这是学习的最佳状态。

心流是一种典型的状态，在这种状态下，你可以通过游戏来找到自己的位置，如果你曾经试图吸引一个在游戏中全神贯注的孩子的注意力（或者你曾经是那个孩子，抑或你保留了这种能力），你便能理解。读小说或看电影也可以引导我们进入心流。一位老师也是

4 学习之前，先要忘却

如此，如果他很有魅力，他的课堂只有在一小时后才可能被下课铃声打断。关于这一点：没有生物学或人体节律可以证明课程持续约一小时左右是合理的。关于注意力的研究表明，当人们处于被动聆听状态时，注意力的持续时间要短得多，而当人们从事一项激励性活动时，注意力的持续时间是没有界线的。注意力的持续时间是时代的遗产，在法国的过去，一天的时间是以祈祷钟声为节点的，教堂钟声就是计时钟表。

这就是为什么一些试图使学生处于心流状态的教学方法，首先要思考时间安排，从而结束这种低效率的情况。尽管有很多事情需要进一步整理，但存在一些中间措施，这些措施很合适，同时又保留了更大的自由空间。如果我们将一节课缩短到 45 分钟，每节课可以减少 15 分钟，也不会大大减少所保留的内容。无论如何，在课堂末尾的那段时间效率都会急剧降低。这样我们可以把这些时间重新组合到一起，例如在一天结束时、在一周结束时或者每季度末，创造条件让心流自由地蓬勃发展。

"教育者—研究者"教师

广泛采用这些方法的国家（无论是芬兰、加拿大还是某些亚洲国家）都有一个共同点：它们大量投身于研究和教师培训，并将这两个领域联系起来。

研究记录了现实，也给出了事实。如果我知道压力对学习有负面影响，如果我测量出这种影响的程度，我会更加谨慎地创建一个限制压力的环境。如果我了解大脑在睡眠时存储信息的基本神经机制，那么我将能够更好地向孩子，特别是家长解释，为什么早早入睡，避免睡前的刺激性活动（包括看电子屏幕）如此重要。

仅举一个例子，神经病学家梅拉妮·斯特劳斯，也是前 CRI 的博士研究生，在法兰西学院的会议上的报告研究了午睡对 3～6 岁儿童的影响。

图中灰色柱形分别表示午睡醒来后、几小时后和一天后的视觉空间记忆学习的记忆率。白色柱形表示没有午睡的孩子的记忆率。两者相差20%，由此我们建议午睡。

在青少年时期，这种差异同样惊人，这是另一个关键时期，我们的神经网络需要睡眠才能发挥最佳功能。

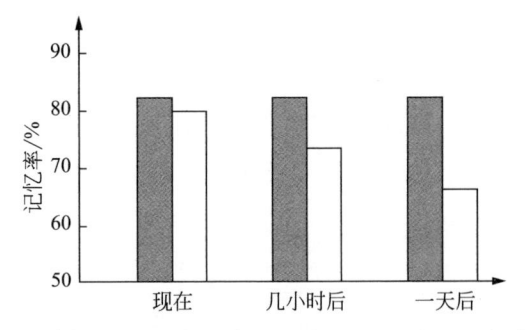

幼儿在记忆游戏中的表现取决于他们是否睡午觉

这些数据是非常必要的，它们超越了那些普遍而消极的关于课程或教学方法的争论。无论你采用哪种教学方式，生物学规律都会作用于你的学生身上，影响他们学习的效果。

建立研究与培训之间联系的另一个优势在于，使教师了解科学方法是什么。这促使他们将自己定位为课堂上的"教育者—研究者"，反思自己的教学方式。在一个理想的世界中，和其他国家一样，这可能促进教师间更多的交流。他们需要经常阅读研究人员的出版物，参加论坛会议，就像专业研究人员那样，很大一部分工作内容是从筛选科学的怀疑来获得科研发现的。

新加坡方法

"新加坡方法"值得在教育系统的各个层级上推广实施。这种方法可能借鉴一些英美大学所说的"教学学术"：一种认可机制，可以促进教师—研究者在学术研究领域的成就、卓越的教学能力、适当的创新活力,从而促进学生的学习。

这些原则也是新加坡在数学教学方面取得巨大成功的基础。2017 秋季开学,时任法国国民教育部长让 - 米歇尔·布朗盖反复提及,并表达他想在法国教育制度中引入一条本地化的"新加坡路径",建立理论(学习规则)和实践(运用规则解决问题)之间的联系。而新加坡真正的秘密在于,自 20 世纪 80 年代初以来,它一直将研究置于教育的核心。

想想看,三分之二的学校都设有研究小组,使教师能够比较他们的教学方法,集体解决所遇到的问题,并互相学习。因此,这种"新加坡方法"本质是大量测试、犯错误、观察和纠正的结果。没有杰出的教育家、无所不能的部长、无所不知的研究者自上而下地施加正确答案。相反,这个国家创造了条件,使所有教师改进其实践并与教师同事们分享。

行动研究

日本也发展了一种相似的方法:"授业研究"。一组教师,通常在研究人员的陪伴下,"研究、计划、教学、观察、修正和传播关于学习对象的一节或多节课程"。在测试阶段,教师们旁听同事的课堂教学,不是为了观察他们的同事表现,而是观察学生们的反应。理想情况下,旁听的教师甚至会自行组织每名教师分别观察一名学生或一组学生。他们试图了解在哪些时刻可能发生问题点,又在哪些时刻遇到了无法克服的障碍。通过比较教师们的观察结果,他们谦虚地接受错误,反复试验,在相当程度上完善了"理想的课堂",从而来完成课程大纲的某个方面。

这种方法让人想起美国心理学家库尔特·勒温 20 世纪 40 年代提出的"行动研究",该模式于 70 年代在法国再次兴起。罗伯特·拉博珀特将其定义为"旨在促进问题情景中人们所关心的实际问题的解决,以及在共同接受的道德框架内进行合作的社会科学的发展"。

仅仅将研究成果告知教师是不够的——这在当下是远远不足的。他们还需要接受大量研究方法的培训。向教师们展示研究方法是多种多样的:在社会学、认知科学或计算机科学中,研究的方式是不同的。

因为经过培训之后,你知道可以并应该后退一步来保持客观,可以与学生长久地进行实验:筹备实验、形成对照组、观察、量化、比较……这种对自身实践进行反思和批判的能力,应该成为教师培训和教学实践的核心。在这种情况下,人们可以期待,每当老师在向一部分学生传授知识中遇到困难时,他都不会试图重复一个现成的解决方案,并且现有的解决方案极可能不会有太好的效果。因为,可能在某种程度上"教学是重复的艺术"是正确的,而前提是不能在所有情况下都原原本本地重复同样的教学。

1%

在法国,在现行教育经费下实施这些方法是不可能的。这不仅需要前期培训,还需要在教室、学校中花费时间。新加坡完全明白这一点,因此决定在教育研究方面投入更多资金。然而,教育却是法国为数不多的几乎不投资于研究和发展的战略领域之一,与其他被认为是未来领域(健康、交通、能源、技术……)的情况截然不同。如果法国能将仅仅1%的教育预算用于研究和开发,那么几年后学校的面貌就会大有改观。我深信,比起我们成功地将班级额定人数减少1%,这种影响将更加显著和确切。

认真对待孩子

为什么不在学校广泛传播这些方法呢?我相信主要原因之一是

4 学习之前，先要忘却

孩子们仍然没有受到重视。但这一次我们错了。

在我女儿8岁时，有一天她郑重地递给我一本她刚刚读过的书。"爸爸，你会喜欢的。"她向我保证。那是玛格丽特·戴维森的《夜之子》，讲述了路易·布莱尔的一生。她没有说错——我喜欢这本书！你可能不知道"路易"这个名字，但你一定知道"布莱尔盲文"。布莱尔设计了一套文字系统，供全世界数百万盲人使用。路易·布莱尔在青少年时期就发明了这套盲人点字法。

路易·布莱尔出生于1809年，在3岁时他在父亲的皮具工作坊玩耍，被尖锐物刺伤眼睛，受伤意外失明。布莱尔的父母没有放弃对他的培养，甚至为他争取到在杜洛克地区的巴黎皇家青年盲人学院学习的机会。那时普遍使用一套触觉系统来教盲人阅读。但是，基于浮雕字母的触觉文字系统很不实用，它只允许盲人阅读，却不能书写（必须通过打印机）。另一套系统是为军事目的设计的，对表意文字编码，效果很差。年轻的路易觉得"移动三门大炮"的表述非常可笑。因此，从12岁起他就开始研究一套新的盲文系统，这套系统后来令他声名远扬：一个由两列上六个点组成的矩阵，可以进行63种不同的组合。布莱尔是一个自由而充满活力的人，他对一切都很感兴趣，从15岁起，他就开始在就读的学校担任辅导教师，后来被任命为教师，教授语法、历史、地理、数学和音乐等不同领域的课程。

然而，成年人对青年布莱尔的语言的第一反应是排斥。他们认为，如果孩子们花时间学习这种新的编码系统，他们将不会轻松地用浮雕字母阅读，这会使他们缺少适应世界的基本技能。布莱尔将他的发明"盲文"教授给寄宿学校的同学，取得了巨大的成功。但成年人仍然怀疑这种方法的价值，最初的几次演示并没有给他们留下深刻的印象。这些盲童通常有很好的记忆力，他们真的知道如何阅读或背诵课文吗？最终孩子们组织了一次公开演示活动。成年人随机选择一本书，将其编码为布莱尔盲文并交给孩子们。他们能够完美地阅读书籍。

21世纪的学习

但是,直到十几年后,发明了浮雕字母盲文系统的查尔斯·巴比埃才认可——他并没有承认布莱尔盲文系统的优越性(我们不应该对他苛求过多)——布莱尔盲文系统的好处。他在1833年写道:"路易·布莱尔先生,一名年轻的学生,现在是巴黎皇家学院的一名辅导教师,他是第一个提出使用标尺将凸点盲文简化为三行这一绝妙想法的人,在这种双重逻辑下,他的发明对盲文系统起到了很大的帮助,我们应该对他心怀感激……"。

47年后,海伦·凯勒在美国出生。在她两岁的时候,凯勒患了脑梗死,导致失明和失聪。她难以走出自己的牢笼,只能通过触摸与他人交流。她的父母拜访了一位具有视力障碍的杰出教师安妮·沙利文。安妮以无限的耐心,成功地使海伦明白她仍然可以与他人交流。有一天,安妮让海伦摸了摸水,然后在海伦的手掌中画了"水"这个词,海伦明白了。自此,一直表现得像个野孩子的海伦从根本上改变了她的态度,对学习燃起了强烈渴望。她学习了盲文和手语,并成为美国第一位获得大学学位的残疾人,然后开始了一段作为社会主义、女权主义及和平主义演讲者和活动家的辉煌职业生涯。她在自传《假如给我三天光明》中讲了自己的故事,亚瑟·潘在1962年拍摄的电影《阿拉巴马州的奇迹》就是基于这个故事改编的。如果你有孩子,还可以让他们阅读玛格丽特·戴维森撰写的《海伦·凯勒的蜕变》。

这两位传奇人物的故事交汇于1952年,正值路易·布莱尔逝世一百周年之际,法国政府决定将他移入先贤祠以表敬意。海伦·凯勒受邀前往巴黎接受荣誉勋章。在索邦大学的大礼堂,她发表了用法语撰写的凄美演讲,其中她表达了盲人群体对路易·布莱尔的感激之情与人类对古腾堡的感激之情是一样的,文中有一句话将我深深触动:"唯一比失去视力更可怕的是失去远见。"一段视频记录了这一非凡时刻,我们可以看到来自世界各地的数百名盲人,手挽手地伴随布莱尔的棺木一起走向先贤祠。

4 学习之前,先要忘却

信任与传递

路易·布莱尔和海伦·凯勒都处于我个人心目中的先贤祠内,他们故事背后的价值观,我认为这正是教育体系所必需的基石:对儿童创造能力的信心;允许他们自行探索;即使似乎失去一切,也仍然相信他们的可塑性;确保上一代人的发现能够代代相传。

你可以在印度人巴布尔·阿里的故事中找到同样的价值观。2009年我在BBC(英国广播公司)节目上发现了他的故事,BBC专门报道了他,称他为"世界上最年轻的校长"。事实上,当时他只有16岁,但早在7年前巴布尔就开始在他家后院里给附近的孩子们上课!

出身于中产阶级,巴布尔有机会可以上学。而他的同伴中,不是每个家庭都可以负担孟加拉地区每年40美元的学费的。因此,每天下午4点,巴布尔都会告诉同伴们他这一天所学到的知识和所做的事。孩子们不仅在第二天回来听课,还带来了更多伙伴。巴布尔的父母同意他们的儿子逐渐将家里的花园变成了一所临时学校,而巴布尔的第一批"学生"已经开始教育自己的学生。当BBC在7年后报道这个故事时,他的"学校"已有800名学生!

巴布尔·阿里和他的同伴们在某种程度上重新演绎了19世纪一个相对流行的概念,那就是相互教育法(即兰卡斯特的导生制)。当时最早的一批学校只有一名老师,却容纳了数百名儿童。他们通过导师金字塔来运作:一旦一名儿童理解了某些内容,他就会被要求向年幼的学生讲解这些内容,以此类推。

这些方法对学习非常有效,至少与传统方法一样有效。显然,它们的缺点是没有向学生灌输对权威的尊重,甚至没有成为传播煽动性或竞争性思想的温床。考虑到尊重权威比某种教育方法的优点更为重要,因此大多数国家放弃了这个方法。然而,这个教育方法运行得依然美好。今天,巴布尔·阿里受邀在世界各地分享他的经验,

21世纪的学习

我们邀请他到巴黎的交叉学科研究中心,参加了一场孩子们向大家解释什么是21世纪学习的会议。

如今,数字技术和社交网络催生了各种情况和各种范围下的数百名巴布尔·阿里。

在美国,我们见到的是西尔维亚·托德和她的"超级西尔维亚的超级创客秀"。在7岁那年的夏天,她和父亲去了圣地亚哥创客盛会——DIY爱好者的天堂。数百名创客(字面意义是"制造者")大显神通,使用双手或3D打印机制造物品,改造或改良他人的发明,或发明新物品。

第二年夏天,"因为我们想做一些有趣的事情,"她在社交网络上传了第一场创客秀,依旧是在父亲的帮助下,再次来到创客盛会。西尔维亚的父亲曾在高中辍学并成为一名网络程序员。年仅8岁的西尔维亚分发名片来宣传自己的创客秀。这是她非凡成就的开端,几次将她带上演讲台。在12岁时,她的视频已被观看近200万次。每段视频结尾,西尔维亚都会像念咒语一样高喊:"出去做点什么!"

巴拉克·奥巴马的团队非常支持创客运动,他们关注到了西尔维亚,邀请她参加了白宫科学博览会。博览会期间,她向奥巴马介绍了她的彩色水彩打印机。

西尔维亚还向奥巴马展示了一个她最喜欢的作品:一个根据佩戴者心律而改变灯光颜色的吊坠,这需要对心脏生理、艺术和技术有相当多的了解。无论如何,这是另一个孩子的例子,她学到了一些非常了不起的东西,并乐于分享,以便其他人可以学习。

"相信我们,并要求更多!"

同样是在美国,这次是1997年出生在俄勒冈州斯普林菲尔德的邹奇奇的故事。她4岁学会阅读;6岁那年,母亲给了她一台装有文字处理软件的计算机。自从她知道如何使用这台计算机,就用它来编

4 学习之前，先要忘却

写故事：300多篇短篇故事，其中一部分构成了她的第一本书《飞舞的手指》(*Flying Fingers*)。在姐姐阿德里亚娜的帮助下，她开始撰写第一本小说《跳舞的手指》(*Dancing Fingers*)并于2008年出版。在9岁时，她成为历史上最年轻的作家之一。三年后，她还成为最年轻的TED演讲者。她演讲的题目是："成年人能向孩子学习什么？"她以幽默诙谐的言语呼吁人们倾听孩子们的心声，她特别强调了孩子们奇思妙想的能力，孩子们不会因为历史的重负而从一开始就裹足不前。"我们热爱挑战，但请相信我，如果（成人）对我们的期望值很低，我们会自我限制……请相信我们，并对我们提出更多要求！"邹奇奇在16岁时进入伯克利大学，因为这是唯一一所允许学生自行开设课程，确保开课学生能正常授课并且其他学生规律听课的高校。

现在让我们越过美国北部边界，讲讲加拿大人克雷格·柯伯格的故事。他于1982年出生在安大略省桑希尔镇，12岁时他在《多伦多星报》发现了一篇关于与他同龄儿童伊拜尔·马西遇害的头条新闻报道。伊拜尔从4岁起就在一家纺织厂工作，他公开谴责其同伴的工作条件，因此而惨遭谋害。

克雷格被伊拜尔的悲惨命运震惊，决定采取行动。他首先请求老师允许他与学校同学讨论童工问题。他与11个朋友创建了第一个小组，他称之为"十二个十二岁"，后来更名为"儿童可以解放儿童"。随着规模发展壮大，他又将其重命名为"解放儿童"，他们为向印度总理递交的请愿书收集了3000个签名，要求释放著名的儿童活动家凯拉什·萨蒂亚尔希。克雷格在16岁时出版了著作《解放儿童：一个年轻人与童工现象作斗争并证明儿童可以改变世界》。现在，"解放儿童"组织在全球拥有超过200万名会员，克雷格在他的斗争中获得了各种荣誉。

常识告诉我们，所有这些创造了超越自我的动力的青年都是例外。就我个人而言，我认为他们是范式转变的先兆，而这种转变必须成为21世纪学习方式的核心。

21世纪的学习

当然，不是直到21世纪的开端孩子们才开始有了想法，这些想法中的少数又付诸了实践；而是知识获取和传播的界限已经消失，这一事实改变了现状，并创造了一种新的范式：儿童们因心存疑问、热情和慷慨所蕴含的巨大能量能够而且必须比今天得到更好的利用。

释放儿童的创造力

稍微整理一下你会发现，有三个项目在今天影响了成千上万的儿童，这三个项目的例子说明了创新能量的蓬勃生机。

第一个例子是"委内瑞拉青少年乐团体系国家基金会"，委内瑞拉人一般简称为"体系"。从历史角度上，我们姑且认为它诞生在刚刚去世的经济学家、钢琴家何塞-安东尼奥·艾伯鲁的车库里，1975年艾伯鲁在车库里聚集了十几个贫困家庭的孩子，让他们演奏音乐。他的想法不是把他们变成伟大的音乐家，而是教他们互相倾听。这是管弦乐团最伟大的教育美德之一：就像音乐家们说的，你不能孤军奋战——在合奏非常柔和时大声演奏、改变节奏，等等。因此，从本质上讲，管弦乐团是一所伟大的倾听学校。

40年后，"体系"取得了双倍的成功：不仅有40万名来自贫困家庭的青年从中受益，而且还涌现出了一些具有国际地位的音乐家，包括著名指挥家古斯塔沃·杜达梅尔，他领导着世界上最著名的乐团。而且该项目正在世界各地传播，在法国也有许多相对应的倡议——法国"体系"、德莫斯管弦乐团，让-克洛德·德卡洛纳学校乐团，等等。

对这些经历的评价都是一致的：许多孩子在这些经历中找到了一个新的发展领域，获得了自信，面对自己和同龄人都表现得更好。有时他们甚至成功地将从管弦乐团获得的技能转化为学业技能（例如，四分音符、八分音符和十六分音符，这无疑是一个分数系统）。这是解放儿童运动的第一个例子，它起源于一个极端的环境，建立

4 学习之前，先要忘却

在孩子们对学习的渴望之上，并在世界各地蔓延开来。

我要讲的第二个例子则发生在印度古吉拉特邦艾哈迈达巴德市的河边小学。项目是由基兰·比尔·瑟吉于2001年创建的，其理念是，最好的学习方式就是放手去做，而使人们行动的最佳激励方式就是改善周围的世界。

因此，她鼓励孩子们分四个阶段进行：确定一个困扰他们的问题，尝试找到解决方案，实施该解决方案，最后记录并分享。每个阶段都对应一项基本技能。第一阶段是同理心；第二阶段是创造力；第三阶段是行动力；第四阶段是综合能力。

经过对河边小学200名学生的测试，这种受"设计思维"启发的方法在2007年延伸至艾哈迈达巴德市的3万名儿童：河边小学的儿童成功说服了市政部门每两个月组织一次整个城市的儿童节。这一天整个社区都临时变为步行区，儿童和青少年接管了社区进行玩乐和艺术创想。因此，为了使儿童在城市中更安全地穿梭，艾哈迈达巴德市的一条主要道路配备了第一条由五颜六色的巨大花朵装点的人行横道，对于儿童和驾车者来说，花朵比白线更加明显。

两年后，瑟吉将该项目推广至印度全境：河边小学的学生给32 000所学校写信，邀请这些学生找出困扰他们的问题。瑟吉建议学生们花一个星期的时间来找到解决方案，然后加以实施。10万名儿童响应号召。他们借此机会为父母开设扫盲课程，找到塑料袋污染的解决方案，发起反对儿童有偿性服务的运动，筹集资金购买助听器……

"改变世界，从改变自己开始"

在TED演讲中，瑟吉为"传染性"的优点辩护。她说："有必要传播'我能行'病毒。"为此，她创建了一个超越了河边小学的框架，即"先做再说"运动，该框架遍布世界各地——在法国，佛罗伦萨·里佐领导了一场名为"可能性建造者"的运动——基于甘地的美好愿景:"改变世界,从改变自己开始"。如果你觉得这个想法不错,但太耗费时间,并且不利于获取学术知识,那我必须指出的是,该项目在学业表现方面显示出巨大的衍生效果:河边小学在数学、英语和自然科学方面均排在印度学校的前10名。

参加这种活动没有年龄限制。法国"可能性建设者"评审团表彰奖励了一个喀麦隆雅温得圣约瑟夫小学的项目。参与的学生们只有4岁,他们的问题是:因为没有足球,这些孩子用一个塑料瓶替代足球,其中一个男孩在操场上踢"足球"时被塑料瓶打伤了眼睛。那么除了禁止足球之外,还有什么解决方案呢(对于4岁男孩来说这不是一个可行的解决方案)?用再生塑料制成一个危险性较小的足球。显然,仅仅收集和粘贴塑料袋是不够的,孩子们不得不运用复杂的技能。

我的第三个例子是"世界最大的一节课"网站,由"人人项目"发起,并得到联合国教科文组织和联合国儿童基金会的支持。这里列出了联合国制定的17个"消除贫困、保护地球和确保所有人共享繁荣的可持续发展"全球目标:

1. 在全世界消除一切形式的贫穷;

2. 消除饥饿,实现粮食安全,改善营养状况和促进可持续农业发展;

3. 确保健康的生活方式,促进各年龄段人群的福祉;

4. 确保包容和公平的优质教育,让全民终身享有学习机会;

5. 实现性别平等,增加所有妇女和女孩的权利;

6. 为所有人提供水和环境卫生并对其进行可持续管理;

7. 确保人人获得负担得起的、可靠和可持续的现代能源;

8. 促进持久、包容和可持续经济增长,促进充分的生产性就业和人人获得体面工作;

9. 建造有抵御灾害能力的基础设施,促进具有包容性的可持续工业化,推动创新;

4 学习之前，先要忘却

10. 减少国家内部和国家之间的不平等；

11. 建设包容、安全、有抵御灾害能力和可持续的城市和人类居住区；

12. 采用可持续的消费和生产模式；

13. 采取紧急行动应对气候变化及其影响；

14. 保护和可持续利用海洋和海洋资源以促进可持续发展；

15. 保护、恢复和促进可持续利用陆地生态系统，可持续地管理森林，防治荒漠化，制止和扭转土地退化，并遏制生物多样性的丧失；

16. 创建和平和包容的社会以促进可持续发展，让所有人都能诉诸司法，建立有效、负责和包容的各级机构；

17. 加强执行手段，恢复可持续发展全球伙伴的活力。

为了实现以上每一个目标，世界上最大的课程为儿童和教育工作者提供了包括法语在内的近 40 种语言的多媒体教学资源。

试想一下，将这种提高意识的工作与一个像"先做再说"这样的项目融合在一起，使人们可能认识到这些全球性问题都需要从地方落实，你就能调动全世界数以百万计的智慧和能量付诸行动。

这种方法与科学家实施的方法极为接近。我坚信，在"儿童-环境问题解决方案寻求者"与"儿童-研究者"之间，只有一步之遥。同样，这里的主要障碍是成年人对儿童的看法往往过于局限。你愿意倾听他们的声音，为他们提供一个不断发展、富有成效的自由框架，使他们能够在没有成人给予的过大压力的情况下，按照自己的步调探索困扰他们的话题、他们感兴趣的问题并制定解决方案，帮助他们为能够理解的、希望理解的、甚至想要改变的事情做出贡献，那么一切皆有可能。

当孩子探索并有所发现时

斯特拉斯堡天文观测台负责人、法国国家科研中心（CNRS）法英天体物理学家罗德里戈·伊巴塔在 2013 年就是这么做的。他让 15 岁的儿子尼尔，斯特拉斯堡蓬特尼尔国际高中的一位高二年级理科学生，处理关于仙女座周围矮星系分布的数据。科学家试图在分布中寻找一种逻辑却没有找到，默认情况下他们认为这些星系彼此独立。尼尔解释说："开学的前一天，周六中午，（父亲）问我是否想建立一个模型，能够可视化他计算出的位置和旋转速度。这起初只是一个他对我教学后的练习题。第二天晚上，我有了解决方案。我使用了数学课上学习过的向量……在这两天中父亲一直指导我，我们都观察到矮星系确实围绕着仙女座旋转。"尼尔与父亲共同署名的论文刊登在《自然》期刊上，CNRS 认可了他对研究的贡献，并写道："尼尔是展示出一个围绕仙女座星系旋转的矮星系的第一人。"

发现也可以是集体行为

博·洛托是伦敦大学学院的一名教授。像许多父母一样，有一天他到儿子迈克尔的班上谈论自己的职业，当时迈克尔 8 岁，是德文郡布莱克沃顿小学的一名学生。他问孩子们是否喜欢科学。孩子们的回答基本上是"是的"。洛托回答："你们可能不知道，科学是一种游戏。目标是了解自然的作用。顺便说一下，我在研究大黄蜂，我相信它们会发挥很多作用。在你们看来大黄蜂能起到什么作用，在这方面我们能提出什么问题？"这激发了孩子们的好奇心。大黄蜂会思考吗？它们能够适应环境吗？据洛托回忆，孩子们踊跃地提出 15 个问题，其中有 5 个问题是该主题的最新科学出版物中的焦点核心，这证明了孩子们的问题并不像人们想象的那样幼稚。

博·洛托辅助班级制定了一个实验方案，来回答大家在课堂上提出的问题。我们已经知道大黄蜂能够辨别颜色。但是它们也能辨别不同颜色组合的图案吗？孩子们进行实验，分析结果，证实大黄蜂的确能够识别图案，并撰写了一篇论文，发表在英国皇家学会主

4 学习之前，先要忘却

办的《生物学通讯》上。所有孩子都署名为这篇论文的共同作者。文章的结尾非常美妙："科学既酷又有趣，因为你可以尝试一些前人未曾做过的事情。"

"我们从不去看那里到底是什么，只看到曾经的有用信息"

两年后，博·洛托与布莱克沃顿小学的一名当时12岁的学生艾米·奥图尔进行了TED演讲，题为"科学是每个人的，包括孩子"。演讲一开始，洛托和观众玩了一个关于认知偏差的小游戏，本书第一部分提到过的内容（你一定还记得鸭子、兔子、寓意大猩猩……）。他要求观众阅读大屏幕上显示的内容。屏幕显示："W at a ou rea in"。观众异口同声："你在读什么"（*What are you reading*）。为什么观众不按要求念出屏幕上原本显示的字？"因为感知是建立在经验的基础上的，"洛托解释道，"大脑从无意义的信息中提取意义。这意味着我们从不去看那里到底是什么，我们只看到过去曾见过的有用信息……我们只对自己之前的所作所为做出反应。那么，我们如何才能换个角度看问题呢？"

随后，他呼吁将游戏作为一种科学手段，并讲述了在德文郡进行的实验，该实验的目标（已经达成）是让孩子们以不同的方式看自己，改变他们与世界的关系，而不仅仅是了解大黄蜂如何活动。正是基于洛托的故事，我们决定在交叉学科研究中心创建"知识冒险家"项目。我在前文已经多次提到过这个项目。

这些实验基于当今普遍得到支持的一项事实：我们都是天生的研究者。美国心理学家、哲学家、伯克利大学教授艾莉森·高普尼克（我在本书第三部分提到过她关于"婴儿哲学家"的研究）做了一个惟妙惟肖的类比，她将我们出生后前几个月以及前几年探索世界的方式，与英国数学家托马斯·贝叶斯在18世纪提出的概率计算的定理进行类比。使得我们能够根据观察结果和观察结果的概率定律，更加精确地估计某一事件的概率。

婴儿在无意识下像这样思考：

$$P(A/B) = \frac{P(A)P(B/A)}{P(B)}$$

通常情况下，医生也是由此进行诊断，你的垃圾邮件过滤器也是用这一机理筛选不需要的消息。

这些方法是与生俱来的。艾莉森·戈普尼克指出，从出生开始我们就对世界做出假设，进行实验，不断修正，直到得到一个令人满意的结果，而不受多年来堆积在成年人大脑中的一切认知偏差的影响。她通过一个有趣的实验证明了这一点，实验中5岁的孩子解决了一些困扰着著名高校伯克利大学学生的小难题。戈普尼克表示："儿童是一个物种的研发部门，成年人则负责生产和销售！"她最近在著名的美国国家科学学院院刊（PNAS）发表的一篇文章中写道，就探索和创造能力而言，人的一生实际上有两个高峰，一个高峰是在4岁左右，另一个高峰是在青春期。重要的是要意识到这一点，以便最大程度地发挥这一潜力，使那些最相关的人，以及未来某一天会因他们的创造力而获益的人（可能是我们所有人）受益。

相较于其他物种，人类需要更多时间实现大脑能力成熟

小马驹在出生时就能站立，人类几个月后才能学会走路。母鸡在出生时掌握了大部分生存所必需的技能，之后它们将不会发展出更多的技能。而人类，安排自己花费多年的时间学习每一个新鲜到来的事物。这种探索的范围往往受到成年人的限制，即使他们的初衷只是为了防止孩子陷入危险。但是，无论是在家庭还是学校环境中，我们留给"小小研究员"的自由空间越大，这些学习就越有效。我不否认有必要施加约束，有些约束是有依据的。但是我注意到，给予自由空间和鼓励好奇心的环境更加富有成效。在年幼的这些时光

4 学习之前，先要忘却

中，我们必须允许他们探索新事物，以便在日后去探索发现更具意义的问题。

探索还是开发："犯错误是人之常情"

探索还是开发，这个两难困境并不新奇。无论你是寻找巢穴的鸟儿，忙于寻找正确脉络的淘金者，上网冲浪的互联网用户，寻找新市场的商业领袖还是正在思考自己未来的公民，都可以问问自己，探索要花多少时间，找到我们能够开发的有利环境要花多少时间。拉丁语短语"犯错误是人之常情"可以有两种不同的解释：强调错误是人为造成的，或者强调错误是由人类造成的。在我看来，这两种含义是高度相关的。为了取得进步，我们既需要犯错误的权利，也需要探索的权利。如果错误是由人类造成的，则很可能操作被更多地委派给机器，特别是依赖于自动化技术的可重复性任务。但是，由于错误的造成可能是漫长而艰难的，因此毫无疑问，我们必须学会探索。在我看来，学习永远是越来越必要的。

的确，在一个相对稳定并且可预测的环境中，一旦我们找到了适合自己的生态位，从生态学角度就可以说，我们满足于开发这个生态位就足够了。但是，在一个瞬息万变的世界中，显然我们必须进行探索，因为资源可能会枯竭，矿石可能会耗尽，市场可能会转移，环境的变化会使我们的开发策略不再适时。如果我们用探索新领土作比喻来说明，那么成功与否，甚至探险家能否生存，可能都取决于准备工作的质量，是否有地图、合适的设备、经验丰富的探索同伴或其他先行探险家所写的书籍。有些人开发已经探索过的东西，另一些人则是探索的专业人员。研究人员的情况就是如此，他们拥有科学的方法，可以提高探索未知事物的效率。他们已经开发了探索微观世界、宏观世界或复杂性的方法，并通过开发现有的工具和方法不断推动研究进一步发展。我们也可以寻找新的探索方式，即便这意味着可能走在人迹罕至的地方。这可以通过跨越学科之间的障碍、提出新的问题、建立新的集体或融合集体智慧来实现。

每一名探险家都必须知道如何释怀,摆脱那些不理解我们为何不像他们一样去利用已获得成功的人,甚至在我们的探索过程中给出质疑的人。年轻人渴望新的探索形式,而几代人之间的冲突并不总是那么简单,但如果这些"叛乱者"知道如何提升技能,他们将拥有光明的未来。可能这就是为什么欧洲研究理事会首任会长、社会学和历史科学专家海尔加·诺沃特尼鼓励年轻人在保持这种叛逆意识及探索新的可能性的同时也要提升技能的原因。在企业界以及策略专家的眼中,开发与短期愿景相关——是一种维持当前秩序和减少不同行为方式所产生的差异的管理;相反,探索意味着承担风险,容忍错误,进行实验和长期愿景。面对世界林林总总的变化,知道如何在开发和探索策略之间找到平衡,是迄今为止优化开发方式而非探索方式的企业得以生存的关键之一。

总而言之,在古老的大草原上,第一批智人已经询问过自己:我们应该开发已知的领土,还是探索未知的领土?今天,我们意识到,我们必须同时探索开发的方法和开发探索的方法。为此,我想说,我们应该向所有希望探索新的可能性的人们开放一个不断发展的、富有成果的自由框架,无论是在教育过程中还是职业环境中。特别是,我们应该让幼龄的孩子学会在友好的环境中探索,在这个环境中他们有权犯错误,给予他们的信任将使其受益终生。

您是说"新教学法"?

这种说法本身并没有什么革命性。我总是不愿意看见或听见用"新教学法"一词来描述教育实验,因为这些教育实验试图创造出自由空间,充分利用孩子天生的好奇心、对游戏的爱好和他的合作能力。

自19世纪末以来,意大利人玛丽亚·蒙台梭利开始对教育实验

4 学习之前，先要忘却

感兴趣，并于 1907 年创建了一所学校。蒙台梭利是意大利第一批女性医生。当她在精神病诊所工作时，她发现了一种令她心烦意乱的情况——儿童与成年人夹杂在一起，生活在躁乱的环境中。她为儿童们创造了一个小小的避风港，她发现儿童能够做的事情比成人想象的多得多。她教他们阅读、写作和计算……她甚至还辅导他们参加考证，相当于他们那个时代的法语学习证书，学生们取得的成绩甚至比一部分罗马上层出身的儿童更好。蒙台梭利不仅在这一过程中结交了朋友，而且给人留下了深刻的印象。

一段时间后，蒙台梭利为弱势儿童发明了意大利式的幼儿园。她又为幼儿园重新设计教学法，再一次取得了成功，效果超乎寻常，以至于她的诸多教育措施和方法传播到世界各地，一个世纪以后，使用这些教育方法的教师中只有极少数知道它们是蒙台梭利为贫困出身的青少年开发的。除了教育方法外，我认为蒙台梭利的非凡之处在于，她一直在寻找解决方案，她不断试验、记录、分享和帮助世界各地的人。

如今，根据蒙台梭利国际协会的统计，世界范围内有超过两万所蒙台梭利学校。如果我们既相信蒙台梭利课程的研究，也相信一些已经成名的轶事，那么这种教学法似乎就适合应对 21 世纪的挑战。几位伟大的创新者证明了蒙台梭利教育对他们的成功所带来的帮助，包括谷歌的创始人拉里·佩奇和谢尔盖·布林、亚马逊的创始人杰夫·贝索斯，以及维基百科的创始人吉米·威尔士。这三家创新企业的成功很大程度是建立在人类的协作能力、分享能力和搜索信息以获取知识的能力之上的，而这些能力都是蒙台梭利教育的核心。佩奇和布林表示，与他们在斯坦福大学的时光相比，是蒙台梭利教育为他们提供了跳出框架思考和创建谷歌的土壤。

塞莱斯坦·弗雷内的教育经历与蒙台梭利十分相似。1920 年，他从第一次世界大战的毒气弹战场返乡，成为卢布河畔巴尔的一名老师，而后又在旺斯市任教。他开发了各种教育措施，今天我们称之为"主动教学法",因为这些教育措施是基于儿童主动探索的教学,而非被动地吸收老师传递的知识。

"主动教学法"的核心之一是沟通:弗雷内的出发点是,如果我们愿意学习写作,那是因为我们想给某个人写一封信,而不是无缘无故地学习。他开创了使用印刷机和创建报纸等活动以讲述孩子们参与的实践。与蒙台梭利一样,弗雷内的全体学生都将取得了学业证书,这超出了每个人的期望。因此,70年后,在课堂上第一次使用推特实验的教师正是那些熟悉这些"主动教学法"的教师,这也是十分理所应当的。

像许多创新者一样,弗雷内和蒙台梭利的成就绝非易事。面对保守主义,他们必须克服不情愿,孜孜不倦地寻求每一个儿童的"可教育性",包括贫穷、精神失常、发展缓慢的孩子……你可以通过观看电影《野外学校》来了解这段故事,这部电影基于弗雷内的故事,是导演让-保罗·勒夏诺伊斯于1949年拍摄的。

面向所有人创新还是培养精英?

我们能不能更上一层楼,而不仅仅满足于零散的经验呢?

第一次世界大战结束后,20世纪初的教育家试图建立一所学校,正如另一部不容错过的电影——乔安娜·格鲁德津斯卡的纪录片《学校革命》中讲述的。这部纪录片完全由档案资料组成,其中大部分是未公开出版的,它讲述了数十位教育家(其中部分人是教师,还有医生、哲学家)试图创建一所学校,在战后的生灵涂炭下为和平世界做准备。两次世界大战之间,瑞士人阿道夫·费里埃成功地将这些人团结于国际新教育联盟周围。

所有这些创新者,你将在后文与他们一一见面,他们对"永不重演"的和平主义思潮是在对战争的憎恶和恐惧中铸就的,然而这一切却在20年后,在无法用言语形容的集中营中被粉碎了。

4 学习之前，先要忘却

鲁道夫·斯坦纳和他的"人智学"今天在法国已成为边缘话题，但其思想在数百所德国学校中流传。我们前面已经讨论过了蒙特梭利和弗雷内，还有英国精神分析学家亚历山大·尼尔和他的"夏山学校"，同名书由弗朗索瓦·马斯佩罗于1970年出版，成为世界畅销书，并于2004年在法国再版；比利时人奥维德·德可乐利，今天巴黎郊区圣芒德市的一所法国学校仍沿袭他的指导原则；德国人保罗·盖希布，他提出"救世之道来自儿童"，他的奥登瓦尔德寄宿学校被纳粹关闭；波兰医生雅努斯·柯扎克，他宁愿跟随犹太儿童进入集中营，也不愿听从他人的建议，抛弃他们。

这场运动中的冲突极其尖锐。是否有必要组建一个开明的精英阶层，领导人民走向和平之光？是否有必要不惜一切代价建立一个对所有人开放的制度，冒着任务规模庞大使其陷入乌托邦的风险？这些问题现在依旧存在。

实验可以重复吗？规模还可以扩大吗？

我相信他

如同博·洛托与25个孩子在布莱克沃顿小学所取得的成就一样，印度生物学家萨米尔·柏拉马查理通过开源药物探索与数千名大学生展开了相似的合作。他的项目是关于结核病的研究，结核病主要涉及贫困人口及贫困国家，因此西方公共研究和制药行业对结核病并不感兴趣。然而，关于结核病的出版物成千上万种。但是由于缺乏资金，没有人试图对此问题进行系统的努力，并花时间阅读并从系统生物学的视角整合文献。因此，结核病基因组图谱的绘制一直没有完成。

萨米尔·柏拉马查理的想法是动员印度学生阅读科学文献，从中提取出每个基因的已知信息，并将其整合到数据库中，以便进行系统生物学和基因组学分析。柏拉马查理的方法非常可靠。他确保每一篇文章都有一些学生阅读，这样他就能衡量所完成工作的质量。

他们创建了第一个带注释的结核病数据库，这个数据库如今已成为全世界的一个重要的参考依据。柏拉马查理继续研究如何从这些基因过渡到结核病中起最重要作用的蛋白质的鉴定，也许这些蛋白质可以成为学生们合成新药物的靶点。

在每个阶段，萨米尔·柏拉马查理都会动员化学、遗传学、基因组学等学科的新生群体加入。他的创新做法在2012年为他赢得了《科学》期刊"开放科学大师"的称号。柏拉马查理正处于新生力量的交汇点，我希望这些新生力量的融合能够在未来成倍增加：公民科学、开放科学和对年轻人参与解决全球重大问题的信心。

走向认可

我很欣喜地发现，今天一些主要机构能够跨越以往的思维禁锢，奖励促进者的非凡成就，无论他们的年龄如何。最具代表性的例子显然是马拉拉·尤萨夫扎伊，2014年她在17岁时成为最年轻的诺贝尔和平奖得主。

六年之前，她开设了一个博客，记录塔利班在巴基斯坦与阿富汗之间边界部落地区为阻止女孩接受教育而进行日趋激烈的暴力袭击。马拉拉就在这些冲突的前线，不仅是因为她住在该地区，还因为她父亲在那里运营一所学校。她以化名作证告发，但最终被发现了真实身份。

2012年10月9日，塔利班武装分子拦下马拉拉乘坐的校车并向其开枪，企图杀害她。马拉拉的脖子和头部受了伤，却奇迹般地活了下来，在一周后被送往一家英国医院。经过几个月的治疗和康复，她选择继续战斗，将她的经历撰写为一本中文译名为《我是马拉拉》的自传。

通过马拉拉和当年另一位诺贝尔和平奖获得者，印度儿童权益活动家卡拉什·萨塔什，诺贝尔奖委员会明确表示"反对一切对儿

4 学习之前，先要忘却

童和青年的压迫，支持所有儿童受教育的权利"。

尽管自 2000 年以来儿童教育取得了显著进展，特别是在女童教育方面，但仍有近 6000 万儿童无法接受教育，这些儿童主要集中在战乱地区。数以百万计的人生活在难民营中，在那里最紧急的需求往往是粮食和健康，而不是教育，即便如此，"图书馆无国界"等组织也付出了努力，他们开发了可移动媒体库"点子盒子"。据《世界报》记者玛丽莲·博马尔描述："根据设计，它可装在两个底托上，因此可以吊在皮卡后斗或飞机机舱中。"它包括"平板电脑、计算机、屏幕、一台视频投影仪、照相机和书籍，当然还有用于连接的调制解调器和一台发电机，共四个模块，重 800 千克。"项目发起人历史学家帕特里克·威尔进一步解释道。该协会还将可汗学院的教学模块翻译成了法语。

所有这些措施都是由杰出的老师、研究人员、青年（以及几乎总是支持和鼓励他们的父母）发明的吗？是。但是可以被推广普及：也许提出创新观点需要一个有点儿不同寻常的人，但将它们复制和本地化却是每个人都能做的。如果你观察 PISA（我在前文谈到过的经济合作与发展组织实施的评估）中表现出色的国家，无论是芬兰、新加坡还是加拿大，尽管这些国家的社会和政治组织都大相径庭，但它们都已进行了改革，促进观察、实验、基于"尝试 - 错误"试错法的学习以及合作。他们都对认知科学的研究很感兴趣。

摆脱过度控制

法国仍然难以理解触发这种动力的机制，无法放弃一个基于等级制度的高度集权模式，不是因为缺乏善意，而是无能为力。此处仅举一个例子：国民教育已经充分表明，建立教师之间的联系是传播创新的关键之一。教师不必每次在课堂上或学校里再度重新发明一切。最好让他们互相交谈、讨论，看看对方如何想出解决方案。教育机构

21世纪的学习

为促进这些交流做了什么？创建了一个封闭的社交网络！……虽然开放才是创新的基石和动力。结果，在一些社交媒体上活跃的创新型教师远远超过法国创建的社交网络上的注册人数。

有趣的是，这个错误也不是法兰西专属的。维基百科创立之初，同时存在两个方案：一个方案是通过邀请世界各地最伟大的研究人员来生产最好的百科全书；另一方案则是信任集体智慧，主张向所有人开放百科全书（当然，还要有方法指南和社区监督）。几个月后，第一个方案似乎只能收集到几百篇文章，而第二个方案则增加了数千个条目。

我非常钦佩维基百科项目的成功，就像我非常钦佩我们教育系统的质量一样，但是作为一名世界改良论的支持者，我试图提出建设性的批评，以促进实践的发展。因此，我想向维基百科提出一个建议——可以在网站上建立两种英语版本，一个版本是所有语言形式都存在的经典版本，另一个版本是简单英语版本，适用于那些不熟悉莎士比亚语言的人。在所有语言中都实施这一想法将非常有用，这不仅仅是对年纪小的用户。但事实并非如此。此类内容在其他网站上是存在的，可惜网站知名度较低，因此鲜为人知，内容也并不是很丰富，例如 Vikidia。既然有适合儿童使用的词典，那么一个适合所有年龄层的协作式百科全书将非常奏效。设置不同层次的复杂性，相当于我们在滑雪时看到绿色、蓝色、红色和黑色不同难度的滑雪道。

这不仅仅使得知识更容易获取，而且可以邀请年轻人做出贡献，从而让他们理解知识是如何形成的。我想讲一则家中的小事。我的女儿索菲娅 7 岁时，对鲸鱼充满了热情。在阅读了市立图书馆关于这一主题的几乎所有书籍之后，她开始上网搜寻更多的信息。她对我说："爸爸，我认为他们错了……你看在 Vikidia 上，他们说鲸类只吃浮游生物。"我问她为什么这么说。她回答："但是，你知道，逆戟鲸还可以吃其他东西，我看过它们吃海狮的视频。"然后我向她展示，

4 学习之前，先要忘却

她可以编辑页面来进行修正，如果她愿意的话，甚至可以创建页面。第二年她就做到了——准确地创建逆戟鲸的条目。这个故事给我留下了深刻的印象，因为在我年轻的时候，出生在20世纪的人，我从来没有想过词典某一页的内容可能是错误的，更不用说对其进行编辑了。

如果我们今天邀请所有年轻人在其认知水平上为他们选择的维基百科词条定义做出贡献，那么不仅会在创作内容和贡献者数量上有所突破，而且还能使他们了解共识是如何达成的。此外，如果在语言课上，邀请他们比较不同语言的维基百科页面（我经常这样练习，以理解不同观点的差异），那么他们可能会意识到，这种共识通常不是普遍的，甚至远非如此。如果你有幸能讲几种语言，那以"爱情""拿破仑"的页面为例，你会发现某些概念或某个故事在世界各处绝不是以同样的方式被理解的。

无数的蜂鸟

我相信北美印第安人对小蜂鸟的隐喻，当所有大型动物都逃离了威胁它们的大火时，小蜂鸟却衔着几滴水飞向火焰。它知道这还不足以遏制火势，但它对自己说："至少我已经完成了我的工作。"蜂鸟是世界改良论的最佳例证，正如维基百科所指出的，世界改良论不仅仅是简单的乐观主义，对它而言，"在可能出现的最好的世界里，一切都朝最好的方向迈进"。这是一种行动的道德：世界不是完美的，但是我们可以努力改善它，伏尔泰在《老实人》的结语"让我们耕种我们的花园"就体现了这一点。哲学家阿兰也对此进行了自己的表述："悲观是一种情绪，乐观是一种意志。"

在教育领域，世界各地有成千上万的"蜂鸟"。英国记者查尔斯·里德比特为此撰写了一本引人入胜的著作，因为他不满足于仅仅罗列一系列具体的成就，而是揭露背后的逻辑，并展示了如何从衔着一滴水的蜂鸟走向一种系统性的方法,这意味着要依靠社群,与各种机构一道合作而不被机构吞噬……正因为如此,这种规模的扩大,是大多数人不知道如何实现的。这里再次重申,不存在任何会阻碍成功的法国诅咒,教育联盟的悠久历史就证明了这一点,它促进了国民教育的建立和大众教育的发展。教育联盟刚刚庆祝成立150周年,它的成就是将这一领域数百个大众教育的协会联合起来。可惜,它没能对教育系统的总体组织产生像过去那样大的影响。

认可个人和个性

诚然,法国有时会受到"蜂鸟问题"的困扰。在我们的教育系统中,一切都被看作是可以公平量化的。全国各地都执行同一份教学大纲,教师和其他教育工作者都是根据客观指标计算表被派到这里或那里,但并不能说明他们是否能适应一些将会遇到的特定情况。而校长除了个人魅力之外没有任何其他教师分配的手段。更严重的是:在许多老师的教室里,仅仅想做点不同的事情也并不总是很顺利。如果一个项目发起人不幸被媒体注意到,他往往会遭到指责。

在所有创新措施背后,在所有成功改变其教学实践的教育机构的故事背后,都有一种个性。自 2017 年 3 月以来,成千上万的观众认识了伊莎贝尔·佩卢、凡妮莎·托内、卡罗琳·索斯特、菲利普·维雅、诺尔·吉卢、纳丁·库西-克拉沃、斯特凡娜·贝格尼、弗洛里安·卢皮亚克和薇洛妮克·德提利。他们是 9 所公立学校或私立学校的教师,也是朱迪特·格伦巴赫的纪录片《一个疯狂的想法》中的主角。这是一部关于学校的着实精湛的好电影,关注的是那些以同理心、创造力、合作、主动性和自信心为中心的教学机构。正如《世界报》所报道:"导演朱迪特·格伦巴赫展现的并不是一所危机中的学校,而是快乐的孩子,精力充沛、具有奉献精神的老师,发自内心地试图证明友好和严厉并不是两种对立的价值观,这与今天将问题过于

4 学习之前，先要忘却

简单化，提出学校放任儿童发展的言论截然相反"。这些教育机构和其他机构有什么不同——授权或鼓励教师冒着被批评的风险采取主动行动。

这在世界各地都是一样的。哥伦比亚的"新学校"与其发起人薇奇·科尔波特密切相关。她的"新学校"项目已扩展到 20 多个国家，惠及 500 万儿童。

薇奇·科尔波特是一位研究教育领域的社会学家，曾任哥伦比亚教育部副部长，她率先设计了一种基于同伴学习的适用于农村学校的系统。正如玛丽·德卡斯在《世界报》上所描述的："团队合作教会学生互相倾听，尊重他人的意见。胆怯的学生由此获得了自信"，负责高年级班级的路易斯·阿尔贝托·罗德里格斯解释说，"好学生不是获得最佳成绩的人，而是最善于向他人解释的人。儿童往往比成人更善于教学。"

科尔波特并不认为自己发明了一种新的教学法，而是声称受到了蒙台梭利、德可乐利、斯坦纳和弗雷内的影响。但是她从"富人学校"中剔除了这些方法，在那里一些人提出了反对意见："新颖之处在于设计一种面向所有人，有效且价格低廉的模式，并作为一项公共政策而为之奋斗"，她解释道。在这里，我们再次看到了最有效的教学方法的一个共同特征：对儿童帮助解决复杂问题和影响社区生活的能力充满信心。科尔波特表示："我们最初的目标是在最边缘的地区创建一所学校，并且我们已经为第三个千年建立了一种先进的教育模式。"

在海地太子港，卡茨·普瑞素尔学校的巨大成功与居伊·艾蒂安的个性密不可分。学校涵盖了从小学到高中的所有年级。从小学开始，学校鼓励 650 名学生观察周围的世界，了解其中的利害关系。学生们选择了一个他们关心的问题，想要找到一个解决方案。他们一起学习，进行研究并在学年尾声展示他们的发现。

例如，2010 年地震后，交通信号灯故障，街道对行人，尤其是

21世纪的学习

学生变得更加危险。卡茨·普瑞索尔学校的学生发明了一种比现有解决方案更经济的修复系统，他们去市政厅提交了这套系统，以便可能会在其他地方使用。另一些学生发明了自己的短信息（SMS）服务器，因为他们觉得短信息的价格太高了。今天，他们给一位当选总统的校友写信，邀请海地的学生每人种几棵小树，帮助海地重新造林。

学会学习

像科尔波特一样，盖·艾蒂安运用了一种基于"学会学习"重要性的方法，这是千年挑战的核心，因为它可以将基础学习、技术知识和下一代人必须回答的重大社会问题连接在一起。最近，艾蒂安的学生正在研究机器人技术。其中一名学生在小学时就曾为他的机器人注册。艾蒂安问他为什么。孩子回答："这样，如果它做错了事，我可以识别出来。"瞧！他自发地将机器人技术固有的道德风险放在心里，今天，无论自动驾驶汽车还是军用无人机的责任的标准，都是国际上最高科学组织和政治机构关注的焦点。

这次是印度的"一只蜂鸟"：崔纳斯·卡巴格。2002年，在美国麻省理工学院著名的媒体实验室（Media Lab）成立第一个微观装配实验室（Fab Lab）后仅一年，他在40平方米的小房间里开发了乡村发展教育系统（Vigyan Ashram Fab）。这是基于印度教育学院的一个分支机构。它位于帕纳市，距离浦那市50千米。

"微观装配实验室"的理念是在物理学与计算机科学家尼尔·格申费尔德的指导下发展起来的，与麻省理工学院开设的两门传奇课程有关，我已经提到过："如何制造（几乎）任何东西"和"如何制造出（几乎）可以制造任何东西的东西"。格申费尔德深谙加利福尼亚的创客文化，并且熟悉黑客的道德规范，因此将它们引入了世界上最好的大学之一。

4 学习之前，先要忘却

微观装配实验室是我所主张的不断发展且富有成果的自由框架的典型代表之一。在印度教育学院这个分支机构的乡村发展教育系统，你可以找到与材料配合使用的设备：3D打印机、激光切割仪器等。在最有成果的实验室中，每个人都可以访问它，只要他们留下自己在实验室中制作的痕迹，其他人就可以从中受益。简而言之，它是面向"制作"（实践）的教学和集体解决问题的理想工具。

由崔纳斯·卡巴格与尼尔·格申费尔德合作创建的帕纳市乡村发展教育系统是世界第二大的微观装配实验室。它接纳了大量被人们视为辍学者的青年人。他们被派往周围的农场，倾听农民面临的问题，然后他们一起努力寻找解决方案。当一名青年发现了某样东西时，可以以此为起点进行创业活动，因为其他农民很有可能会遇到同样的困难。所以，任何解决方案都可以转化为服务或产品。

还记得我之前谈论过的"知识冒险家"项目吗？每当我们在法国职业学校中实施这个项目时，都会发生同样的情况：学生找到问题的解决方案后，当地企业家主动提出一起申请专利。从孟买郊区到巴黎北郊的塞纳-圣但尼省，有成千上万的潜力青年只求崭露头角，而不是向他们提供在教室里被动学习的机会。

这种教学方法的成功并不是一个奇迹，而是不断努力地将儿童的经验与科学数据联系起来。这使我们能够在科学与道德、社群与需求之间架起一座桥梁，培养意识到21世纪挑战的公民。此外，为了说明教育机构的目标，卡茨·普瑞索尔学校只提到了："把握好个人道德、同理心、组织学习小组的能力、责任心、主动精神、科学精神、创造力、变革推动者的能力、遵守既定规则、领导力"，而在法国，这些能力远远不如神圣的教学大纲重要。

以人为本

希望你们能理解我。我们的目标不是以一小时的同理心、一小时的遵守规则来组织课程。这些技能是通过教育措施获得的，而这些教育措施使我们能够理解数学、语言和历史……但是要认识到，这一目标超越了教学大纲的严格框架，并且不能与认知能力和社会能力对立，这非常重要。

"新学校"项目或卡茨·普瑞索尔学校是以人为本、并赋予人们自由开展行动的系统。芬兰或加拿大等国家成功将这种运作方式推广到全国，减轻了体制结构的负担。根据国际比较，这些国家的学校比法国更好地弥补了出身上的不平等，纵使法国的每一所学校都自豪悬挂着法兰西共和国的三色旗："自由，平等，博爱"。

各个等级的善意

改变行为并引入部分提出问题的文化，这个成本并不高。例如，我们可以定期组织教师就其他地方进行的实验开展交流。我们可以从卡茨·普瑞索尔学校或"新学校"项目的例子学到什么？是否应该以环境不同为由而拒绝借鉴所有的经验？还是我们可以从这些方法的某些方面汲取灵感，使它们适应我们独特的环境（这与自上而下地推行一项解决方案有很大差异）？作为一个学习型社会更好：一个与其他群体相联系的群体可能足以激发良性的动力。原因很简单：它促生了信任。

只要所有行动者都能从他们所处的等级制度中感受到真正的善意，并且有可以求助的对话者，那么一切就是成立的。仅在这个话题上，我们可以追溯到1802年拿破仑在体制内所创建的"督学"这一称谓，一个带有监控和惩罚意味的词汇，即使他们的实践不断演变，情况依旧如此。教师需要指导者，而不是监控者；需要倾听，而不是武断的标准；需要同理心，而不是单纯批判。与某些老师可能听到的相反，善意并不仅是对学生而言……

正如你们所理解的，在世界范围内存在着多个应对千年挑战的

4　学习之前，先要忘却

教育举措的具体示例。因此，问题不在于发明新的教育措施，而是在于鼓励它们将教育措施联系起来，使它们被认可。如何辨认这些教育措施？所有这些教育措施都强调提出问题的能力，而不是预先给出答案的能力。

英国国家科学、技术与艺术基金会（NESTA）负责人，英国人杰夫·摩根创建了一个名为"工作室学校"的创新学校网络，效仿了文艺复兴时期的工作室，即工作和学习紧密相连的地方。杰夫清晰地描述了对第三个千年的学校的定义。在他看来，有三种形式的智能。第一种介绍了过去解决方案的知识，这是大多数教育系统所推行的。第二种是为别人提出的问题寻找创新的解决方案。它能够更好地应对千年挑战，但没有详尽地分析世界的复杂性。第三种是从复杂的情况出发，提出好的问题，然后予以回答。

随着人工智能的普及，第一种形式的智能在中期没有了前景。后两种，尤其是第三种形式的智能，应该会持续更长时间。虽然没有人知道世界将如何变化，但至少我们知道，适应变化的能力将成为最有价值的技能之一。那些熟悉这种智力形式的人将有更好的机会应用它。

5

学习提出好的问题

如何在21世纪学习？其实没必要追逐最新的教育模式来贸然确定第一支柱：在古希腊，它曾经以"助产术"的名义存在，这个术语描述了苏格拉底通过提问来获得知识的方法。它来自玛雅，古希腊的生育女神，她启发了苏格拉底的助产士母亲。苏格拉底在母亲的影响下宣称人们也可以孕育思想，产出精神。

正如我们所见，与苏格拉底那个时代的看法相比，我们对认知科学和大脑的理解显然已取得了长足的进步。同样，数字技术以及当今人工智能的诞生和发展彻底改变了知识生产和传播的条件。

从助产术到"助产技术"

如何将苏格拉底与网络结合起来？通过发明我们可以称为"助产技术"或"苏格拉底技术"——可以帮助我们调动个人和集体智慧，并帮助我们在不断发展智慧的同时铭记人类历史上伟大的思想家（从佛陀到孔子，再到苏格拉底）的贡献。集体智慧是我们最佳的财富，从而让我们避免被人工智能所取代。但是，依旧有必要将集体智慧整合起来，并超越现有的工具，例如我们已经讨论过的维基百科和蛋白质折叠游戏。

5 学习提出好的问题

因为集体智慧不仅仅是大范围收集对某一问题的意见或假设，而不加以区分，其关键在于科学中所谓的编辑质量：谁来收集意见？谁来组织意见？谁来区分良莠？

让我以国际象棋领域为例。俄罗斯人阿那托里·卡尔波夫在国际赛事中占据了 20 年统治地位，他曾在 1996 年进行了一场对抗"全世界"的网络比赛。对手的每一步棋都是由网络众棋手投票决定的。卡尔波夫赢得了胜利。但是比赛结果却令人失望。为什么呢？因为没有催化和引导集体智慧的机制，使得人们也可以投票给糟糕的一步棋——如果无法对投票加以区分，那么集体愚蠢和集体智慧不分伯仲！

更有趣的是加里·卡斯帕罗夫，他在对阵 IBM 的"深蓝"计算机，取得历史性胜利的两年后，于 1999 年 6 月至 10 月参与了另一场对决。棋手团体投票选出最佳的一步棋，同时他们得到了四位杰出的青年棋手的帮助：11 岁的伊丽莎白·帕赫兹、13 岁的艾蒂安·巴克洛和伊莲娜·克鲁什以及他们中年龄最大的棋手，16 岁的弗罗林·费莱坎。四位棋手负责催化集体智慧，他们有 24 小时的时间来讨论各种选择，对选项进行排序。虽然卡斯帕罗夫最终取得了胜利，但是他在一本书中写道，这场比赛是他职业生涯中最精彩、最累的比赛之一。

从那时起，他使用半人马座的图像（两种智能的产物）将人类和人工智能混合的想法化为理论。我完全同意这一点：集体智能，一旦我们知道如何催化和引导它（包括我们刚刚看到的非常年轻的青年棋手），再借助机器的计算能力，就会变得更加有效。

顶尖学术期刊的声誉也是从编辑过程的高质量中获得的。当你提交一篇文章时，你的同行会对文章进行讨论，而你必须捍卫自己的观点，最终发表与否由编辑决定。这一过程并不完美——每年，期刊都会删除漏网的错误文章。但是，从统计上和历史上看，这一流程保证了人类可能获得的最优质量和科学进步。

你也可以通过求助于集体来丰富你的方法。迈克尔·尼尔森

21世纪的学习

撰写了一本书来讲述这些新的研究方法,其中他列举了数学家蒂莫西·高尔斯的例子。高尔斯作为菲尔兹奖得主(这意味着他是世界上最好的数学家之一),在一个问题上困扰了很长时间,他将这个问题交给博客的读者。几个月后,问题解决了。高尔斯基于这一经历创建了"博学大师"平台,定期提出新问题。正如数学家艾蒂安·吉斯当时所写的那样,"唯一的工具就是铅笔和纸,这种孤独数学家的痛苦形象多亏了互联网而被重新绘制出来。"

同样,得益于其编辑系统的质量,维基百科已经成为世界上最好的百科全书之一。在当今世界上,越来越多的人接受了高水平的教育,于是调动和组织智慧以产生知识的能力将变得愈发重要。

知识与认可

为了使知识型社会充满活力,我们还必须对生产和分享知识的人给予认可。社会中已经存在很多种认可形式。文凭认证了你已经掌握的知识。专利认证了你发明的一种新的技术设备。学术期刊认可了你为某一学科的知识结构做出的贡献。这些认可形式通常可以追溯到印刷时代。

数字技术发明了更敏捷、更快速的全新认可形式。数以百计的平台通过或多或少精心设计的评估系统为用户提供给出赞赏或差评的机会——从脸书的"喜欢"到猫途鹰的星级评分,再到形式更复杂的"大规模开放在线课程"慕课。但就目前而言,这些平台首要目标是树立声誉,而非提供真正的认可,它们往往与休闲项目、市场服务或消费品有关。然而,认可是一个强大的激励因素。经济学家扬·阿尔根在2013年共同发表的一项研究显示,维基百科上最活跃的内容贡献者不是出于利他主义,而是出于用户"徽章",即他们的生产力使他们得以赢得徽章并显示在个人主页上。

我们如何将知识的严肃性与认可的广泛性和即时性结合起来

5 学习提出好的问题

呢？在结合过程中，严肃性是不能损害的，因为并非所有的思想或知识都是有价值的。我认为，这是公共服务部门必须应对的一项挑战，可以通过从现有系统中汲取灵感并借鉴各种方法来解决。因为没有一个系统是完全中立的。

例如，科学家认为他们已经找到了一种很好的方法，通过计算一篇文章被他人引用的次数来评估这篇文章的重要性。物理学家乔治·赫希提出了这个想法，而衡量研究影响的指数被归为 H 指数。这个指数只有12年的历史，但很快就出现了偏差，一些研究人员开始人为地互相引用以增加其 H 指数。我们还注意到，当前被认为是未来最有前途的多学科研究的价值被低估了，每一门学科都宁愿留在自己熟悉的后院，而不愿意冒险引用另一学科下完成的研究成果。

没有一个孤立指标是无偏差的。只有将几个指标汇总起来，才有可能描绘真实的情况。

提供基准非常重要

在孔子看来，获得智慧有三种方法。第一种是从错误中学习。这是一种要求极高，甚至有些痛苦的方法：你必须接受错误才能看到这些错误！第二种是要充分考虑环境，以避免犯错。它不那么痛苦，但要求更高：你必须克服自己的精神障碍，并投入大量精力。第三种方法，孔子认为是最简单的，就是模仿你周围最聪明的人。这无疑是最普遍的。要做的就是识别出这类人，但这绝不是显而易见的事儿。而且还要避免被这种方法束缚，因为这种方法虽然有时必要，但不容易带来新的想法或问题。

第二种演变发展则是将不那么格式化的知识整合到值得传播的知识概念中，并将不从事相关职业的人视作这种知识的来源。正如我们先前所见，避免被我们大脑中所有认知陷阱所欺骗的一个重要步骤就是尝试"了解自己"。这条路可以花费一生的时间（如果有尽头），但它并不是学校课程中提倡的。这种做法完全取决于个人的考虑范畴或个人的主动性。

"知识"和"认可"的蜡烛

在某些社会中，例如非洲，人们会求助于"智者"。但是我们周围的智者是谁呢？也许不是那些声称自己是智者的人。为什么不创建一个平台，使我们能够共同识别智者的行为，从他们积累的生活经验中受益呢？同理心、爱、智慧和思想是经济学家所谓的"非竞争性商品"：它们可以被任意"消耗"而不会被磨旧、损坏或耗尽。如果我们邀请那些有知识的人传授一些他们的智慧，他们不会失去任何东西，我们所有人都可以从中受益。同时，我们可以将知识传递给下一个人，就像用一支蜡烛点燃另一支蜡烛时一样——第一支蜡烛不会熄灭。

英语和法语中的"知识"（knowledge 和 connaissance）和"认可"（acknowledge 和 reconnaissance）两个词的词形都非常接近。因此，有些课堂制作了"知识"和"认可"的蜡烛，邀请儿童们将蜡烛给那些推动他们前进的人。结果蜡烛被送给了教师、教他们骑自行车的父母、帮助他们理解语法概念的同学或耐心指导自己的友善的大姐姐。

我们已经在脸书或领英等网站上找到了这样的认可系统，在用户身上收集的数据给这些网站带来了比给我们更多的好处，但是这些认可系统仍然是不足的，最重要的是，它们并不特别鼓励知识共享——这是我提倡的知识、认可和共享社会中不可或缺的。

再次重申：我的观点不是或者不仅仅是道德层面的。它也是可操作的。今天，人工智能有能力处理空前数量的数据。这里以一种还没有被人们充分了解的疾病为例：自闭症。它可能是由错综复杂的因素造成的。数百种遗传基因组合与数千种个体环境交织在一起。

5 学习提出好的问题

如果每个经历过自闭症的人,无论是科学家还是患者家庭,都能记录下来,也许会发现一些尚不可见的相关性,至少对于某些形式的自闭症而言,治疗效果要好于其他。所有这些我知晓的研究,目前正由研究人员持续地进行中,其中一些研究人员也加入了CRI。我在本书中谈到了规模的巨大变化,集体智慧正在一个前所未有的水平上发展。

在此类举措背后,有一种想法,即必须尽一切努力以增进知识和共享知识的能力,并使信息变得可见,以便轻松地识别知识的拥有者,就像文凭表明你已经在学校获得知识一样。今天的技术使助产术(玛雅)和创造丰硕机会(波图努斯)的大规模融合成为可能。

体力劳动者为脑力劳动者提供的经验教训

从这个角度来看,脑力工作者已经远远落后于体力劳动者。诞生在美国西部的创客文化很早就倡导共享知识和工具的原则。沃尔特·艾萨克森在《创新者》一书中详尽地描述了这种文化的出现。在史蒂夫·乔布斯或比尔·盖茨在硅谷传奇性的车库中拼凑那些彻底改变我们生活的计算机之前,这种文化起源于生活在沙漠地区的小规模农民社区,他们必须独自解决问题或互相帮助。因此产生了无数的学习社区和某种文化,这种文化后来促进了美国工业的发展,并在很大程度上解释了加州的创新能力。《连线》杂志总编辑和硅谷专家克里斯·安德森直接指出,这种文化是由数字技术驱动的"新工业革命"的根源。

正如应对千年挑战的教学法已经存在,只需要发展和建立网络一样,构建一个知识和认可社会的原则和技术工具也同样存在。它们被称为"技能组合",这种"组合"可以记录你所学内容:当然首要的是文凭,还有徽章或证书,它们表明已获得的特定知识或技能,在艺术或体育领域取得的荣誉,基于经验的学习或终身学习的学历认证，联合会经历，公民责任的履行，等等。"技能组合"绘制了一张你的知识和技能地图，比文凭更丰富、更多样、更密集——这是一种超级简历。

此外，这些经历和经验的汇集也将成为一个优秀的职业生涯规划工具。培训课程和职业发展不再是线性的，而是在不断发展的职业环境中持续变化的。了解那些我所憧憬职业的人的经历，或了解与我的背景相似的人从事哪些行业，这对任何年龄层的人都是宝贵的经验支持，特别是对青年人来说。

可能性地图

这个想法不是要令课程僵化，或将人们禁锢在某种决定论中——不幸的是，当前的法国教育系统正是如此。这一目标不仅仅是一个适配系统，更是一张可能性的地图，就像 GPS 为你提供了几条路线，让你自主选择一条拥挤却有城市全景的道路，一条风景如画却蜿蜒曲折的道路，或一条路段平直、空旷却略显单调的高速公路。

这张地图显示每个人在知识世界中访问过的地方，并表明我们对各种知识和技能的掌握程度。路线是以我们获取新知识的时间，而不是以旅行时间来表示的，这取决于我们选择在教育机构接受传统方式的学习、在线课程、业内培训、微观装配实验室实验等。这个可能性的地图还可以与地理地图同步，指示附近的资源——个人或机构。简而言之，我们今天为交友、拼车或住宿所做的事情，也可以应用于知识领域。

一些社群，例如计算机程序员的社区，已经使用此类工具。这些群体专注于某一个不断更新的领域，并且其成员需要不断接受培训，以便使用新语言或现有语言的新版本，并且证明他们已经接受过培训。

为什么不将它扩展到惠及所有人的范畴呢？理想状况下，这张地图应该像文凭一样在公共服务的组织下进行，以确保尊重隐私和所收集信息的可靠性，必要时可以通过组织一个公共服务代表团来动员利益关联者，但前提是公共服务部门不会留下保守主义的后门。通过这种方式，我们可以使基于经验学习的认证更加现代化。这是一个精妙的想法，但由于其复杂性，几乎很难实行和操作。

互助型学校

在我看来，互助型学校是最富有成效的模式之一，它为学生和培养学生的人都提供了进步的机会。事实上，研究证实了每个人的直觉感受：当我们传授给他人知识时，我们会根据"学生"提出的问题巩固自己的知识，甚至会实现知识的精进。我们应该认识到这一贡献！让我们鼓励他人分享他们所知道的，不仅仅是出于利他主义！我们从之前提到的加州伯克利大学邹奇奇的示例中获得启发，允许学生创建课程并认可这种能力。我们应该向那些帮助创建或维持知识生态系统，并为建设学习型社会做出贡献的人们提供经济上的支持。

群体智慧与集体愚蠢

我有多相信集体智慧的力量（在某些情况下是相信"群体智慧"），就有多蔑视集体愚蠢，同样地，后者通过社交网络形成一定规模，发挥指数级的力量，涉及虚假新闻或可耻的仇恨言论时亦是如此。

并非所有的观点都是平等的。需要一个适当完善的过程，才能令汇总的个体智慧产生集体智慧。维基百科做到了这一点。一个知识和认可的大型公共服务也应该能够实现这一目标。

第一块基石是最容易铺设的，它让我们再次回到教育问题上。一个在 Vikidia 上尝试过合作创写内容的儿童，更有可能为维基百科做出内容贡献。一个被鼓励提出问题而不仅仅是死记硬背答案的孩子，更有可能继续提出问题。一个觉得自己可以发挥创造力的孩子在运用原创思维时就会少一些犹豫。这些能力并不难培养：已经有无数的教育措施使之成为可能。不幸的是，这些教育措施即使是公开的，也仍然是边缘的。

逆水行舟，不进则退

有一个地方可以并且应该成为创新的核心和学习系统的典范——大学，在这里，研究和教学任务以同等的地位融合在一起。然而大学的发展太缓慢了。在瞬息万变的世界中，这就意味着倒退。就像《爱丽丝梦游仙境》中的场景，小女孩在红桃皇后旁边奔跑时吃惊地发现没有前进。红桃皇后会说："在我的国家，你必须尽可能快地奔跑，才能一直留在原地。而且，如果你想去其他地方，就必须至少以两倍的速度奔跑。"

《爱丽丝梦游仙境》的作者刘易斯·卡罗尔和达尔文生活在同一时代。他们生活在维多利亚时代的英格兰，一个受到工业革命冲击的时代。卡罗尔感受到这种冲击，并以文字的形式阐述了这种永久性演变的影响，而达尔文则是在《物种起源》一书中以科学的形式表达了这种影响。在不断变化的世界中，静止不动就是倒退。

站在巨人的肩膀上

这一观念威胁着当今的大学，因为它必须从 2.0 时代（数字技术的引入）过渡到 X.0 时代，在我看来，X.0 时代的大学是一个学习型组织，理想情况下，它每年都能从教师-研究者和学生的贡献中获益。"我们就像坐在巨人肩膀上的侏儒，"哲学家伯特兰·德沙特尔早在 12 世纪就说过，"如果我们看到的东西比他们更多、更远，那不是因为我们视力敏锐，也不是因为我们伟大，而是因为我们受

5 学习提出好的问题

到了他们的养育。"

这一写照,随后发生在牛顿和帕斯卡身上,让我们回到一个基本概念,在我看来,这一概念已被科学界广泛接受:只敬畏过往做不了好的科学,我们必须不断地前进,让巨人成长,这样下一代人才总能看到"更遥远的东西"。然而,大学和基础教育一样,对自己本身的研究很少——这些研究包括它们的运作方式、认知和其他偏差、组织、表现、失败和成功,等等。

在互联网时代,大学的地位是什么?有一个校园的优势在哪里?你和同龄人坐在大阶梯教室,或者通过实习、旅行、实验、参与线上课程,你能从中学到什么?之前的演变产生了什么结果?如何将在大学校园内外,在书店、咖啡厅、电影院、实验室等学到的东西融合在一起?为了让大学生从体验中获得一个全局的视野,有哪些协同措施?

下面这张图总结了数字技术带来的飞跃,以及两个领域之间可能的互补性。

	习得	共创	认证	更新
线下学习	通过书本和当地学校循序渐进地学习。	研究人员在专门的实验室工作,共创知识。	机构、实验室、研究人员和学生对知识进行认证。	基于当地的反馈,知识得到提升。
数字学习	所有人都能即时获取任何知识。	使用低成本的工具,研究不受实验室的限制。	数字证书和认证使得对人才的认可多元化。	基于来自世界各地的反馈,知识得到提升。

这些问题都有答案,但是像我们在 CRI 中的运行一样,需要借助实验才能获得结果。因此,我们试图创建一个与联合国可持续发

展目标相关的DIY领域的学士学位或硕士学位，类似于卡茨·普瑞索尔学校所做的工作，我们能够在暑期学校进行测试。它可以将经典课程和定制课程结合起来。学生将能够自由参与公民服务、社团活动，创业，建立合作社，出国，集中练习他们擅长的体育或艺术活动……当然，他们必须记录下在这段时间内所做的事情，对他们的经历进行反思，导师可能要求他们用更传统的方法来补充这种体验式学习——例如参与线上课程。最终，他们将获得某些技能，对于学习这些技能，其他环境比常规的大学环境更有成效。所有这些内容都将被整合到我刚才提到的一个"技能组合"中，以便教师和其他学生可以借鉴他们的学习成果，这样"侏儒"就可以继续"站在巨人的肩膀上"。

空白文凭

我们还在开发"空白文凭"，类似于研究人员熟知的"开放式招标"系统。在科研界有两种招标方式。首先是目标性的招标，出资者希望在某一特定主题上取得进展。而另一种"开放式招标"则是邀请研究人员根据他们的知识和直觉，制定他们认为有用的项目。空白文凭的机制也是如此。

例如，你对人工智能发展的社会影响感兴趣。今天，你必须做出选择：计算机科学的本科教育将帮助你理解它的技术问题，哲学教育帮助你探索道德问题，经济学教育告诉你人工智能对就业的影响，心理学教育引导你思考人与机器之间的关系，艺术研究将帮助你思考各种场景，阅览书籍或电影。但是，没有一条道路可以让你系统地研究这个主题。你会发现自己处于一个盲人的境地，就像盲人摸象的寓言中试图通过触摸大象的一部分来描述整只大象一样。

借助空白文凭，你将能够在大学的各个学院上课，如果所在大学并未开设某些科目的课程，你甚至也可以选择线上课程。大学的

5 学习提出好的问题

作用是指导你选择,并验证教学单元所需的学分。你或许猜到了,所有这些信息都会记录在我们的"技能组合"中,这样,下一个像你一样想要了解人工智能发展的社会影响的学生就可以借鉴你的经验。如果几年后,一套完整的培养方案稳定下来,可以证明对毕业生来说是有价值的,那么随着需求增加,这个空白文凭就可以转化成一个结构化的文凭。这个例子涉及"人工智能与社会"的学士学位,其他主题也是类似的。

总有更多的"丑小鸭"

你认为我在做梦吗?那我不得不纠正一下:这是根据CRI进行的一项实验得出的结论。15年前,我们创立了一个名为"生命的交叉学科方法"的硕士学位。第一批来自物理、生物或工程师学校的学生致力于探索生命的前沿,他们很快就建立了创新项目。我已经提到过其中最具标志性的是,多个团队被麻省理工学院授予了iGEM竞赛的奖项。其中一支团队得到了外援——法国社会科学高等研究院(EHESS)社会学和科学技术史硕士二年级研究生萨拉·阿奎顿的帮助,这再次验证了对多学科方法的需求以及实践智慧(行动伦理学)的重要性,我在引言中谈到了这一点。

萨拉·阿奎顿在《世界报》上谈到了她与生物学、物理学、计算机科学和数学领域的大学生们一起度过的四个月。她回忆道:"这一课题(细菌相互交流的方式)离现实应用相距甚远,以至于科学家们认为伦理问题根本不存在。"然而,在团队成员看来,正是这种外部视角为课题项目提供了一个新的维度,评审团认为这一决议是正确的:"法国团队在这些问题上遥遥领先。解决这些问题需要不同学科(包括人文科学和硬科学的诸多学科)的专家相互尊重。巴黎团队在这方面的表现堪称典范。"

其他项目也促成了初创企业、协会和合作社的建立。当这些学生初到 CRI 时，他们并不一定想象自己是企业家。他们之所以成为创业家，是因为我们为他们提供了创建具有行动力的集体的自由。学生们必须在学年之初告诉 CRI 他们想一起做什么，也许我们会给出少量预算，允许他们进入我们的办公场所。这些项目催生了微观装配实验室、创客空间、合成生物学、虚拟现实、在游戏中学习，等等。

利维奥·里博利-萨斯科是我们的首批毕业生之一，他在"明日工作坊"内创建了一个科研合作社。曾参与 iGEM 竞赛的泽维尔·杜波特建立了一家开发抗生素的初创公司 Eligo Bioscience，这家法国生物技术公司创下了加利福尼亚州资金募集的最高纪录，杜波特还创立了一家名为"你好明日挑战"的非营利性医疗技术研究组织，该组织帮助了超过 40 个国家或地区的科学企业家。

生物学专业的另两位学生奥德·伯恩海姆和弗洛拉·文森特创建了"科学体验协会"和 ItCounts 应用程序。最初，她们参加了一个关于绘画和科学的俱乐部。她们发现，欧盟委员会正在进行一场非常糟糕的关于妇女与科学的宣传活动，这场宣传中，人们可以看到穿着细高跟鞋美女的海报。整个科学界都为之震惊。欧盟委员会花了一大笔钱聘请了一家公关机构，巧妙地进行弥补，发起了一项向所有人开放的竞赛。伯恩海姆和文森特与其他 CRI 学生一起参加竞赛，并以一段关于科学界性别偏见的精彩视频获胜！随后，她们创建了"科学体验协会"（WAX Science），将自己定义为"好奇心的引爆器，推动人们主动打破刻板印象并改变现状的催化剂"。"科学体验协会"正在用才华和幽默来做这件事。例如，你可以下载 ItCounts 应用程序，它是由欧洲理工学院（EPITECH）致力于性别平等的 E-mma 协会的学生开发的，它有助于计算会议室里或大阶梯教室中的男女性人数，统计谁在发言（或没有发言），以及听众中是否存在性别偏见。

如果说我特别支持这些举措，那是因为我从很小的时候就已经意识到这些问题。例如，我们在社交网络上发起了一项名为"让我

5 学习提出好的问题

们打开门"的活动。于是我开设了一个推特账号，此后我一直使用这个账号和大众传媒分享本书中提到的主题，确保巴黎主要中学的寄宿学校面向所有青年女性开放，她们曾因性别而受到学业评价的歧视。这也是为什么我在撰写本书时，语法上选择了阴阳词性的临近配合原则，我很高兴至少能够说服那些帮助我编辑这本书的人相信这一行为是有用的。最近在联合国教科文组织和欧莱雅妇女与科学基金会的倡议下，我与其他几位男性和女性代表一起公开承诺朝着这个方向努力，希望在我们的社会中给予妇女应有的地位。我尝试在 CRI 的日常工作中做到这一点，学生和团队的参与帮助我们在一条有时因文化或方法差异，或对某些问题的敏感度不同而变得复杂的道路上一步步前行。在性别问题上，我希望看到越来越多建设性的对话，甚至是公民科学方法的发展，这将惠及所有可能存在偏见并阻碍个体可能性的其他主题。

塞缪尔·休伦在拥有一段令人惊奇的经历后来到了 CRI——他在中学中断学习后又恢复了学业！加入我们是因为他对全球广域网感兴趣。当时，我们有一个由 Orange 电信资助的教席，研究数字技术和生物学之间的连接。我们的研究处于生命科学、数字科学和学习科学所构成的三角形的重心。我们召集了一些来自 Orange 电信和不同学科的研究人员，无论他们是否从事学术工作，与学生一起探索广域网的所有潜力。塞缪尔·休伦的答辩论文被评为那时世界上最好的关于数据可视化方向的论文。安托万·马泽埃尔以人类学视角加入我们。他去过巴西，但他没有像同事们一样研究美洲印第安部落，而是去见了极客部落（代码和计算机爱好者）。他的论文聚焦于人工智能社区，并且涉及数字技术、社会学和人类学的融合。像所有不想被困在笼中的"丑小鸭"一样，他很难在 CRI 以外的地方找到研究伙伴。

奥雷利安·佩鲁则出身物理和化学领域。他从皮埃尔-吉勒·德热纳负责的令人敬畏的 ESPCI 毕业。他来到 CRI 是为了与居里学院的合作，完成一篇物理学和生物学的跨学科论文。当他获得资助时，他找到我："我刚刚被法国高等国家影像与声音职业学院（FEMIS）录取。总之，我不打算写论文，至少不会写这个主题的论文。"我建议他在电影和科学相交的层面上想出另一个主题。最后，他的论文题目是《一名电影创作者围绕"艺术—科学"对话关系的探索：从创作过程中的思想—情感到知识的审美方法》。他制作了一部非常具有原创性的作品，结合了经典记忆和四部电影的情节。他解释说："如果它们的地位存在一点儿不对称，它们会互相参照，交谈，互相质疑。它们的本质是相同的：它们就像试图解决这里提出的问题的众多尝试一样，即发明'艺术与科学'混合体。"

显然，有必要组织一个答辩小组。几位传统学科的研究人员对我们说，这不像他们在法国看到的那种常规论文。因此，我们请来一些其他大学，尤其是国际性大学的专家，这些专家已经为"艺术创作"类论文提供了 20 年的支持（在这些论文中，艺术家被邀请对艺术作品进行反思，并像科学家一样记录论文涉及的资源和实验）。我认为，佩鲁的这篇论文是法国同类论文中的第一篇。

CRI：有趣的相遇十字路口

在 CRI 还诞生了许多其他项目，CRI 既是一个跨学科的研究中心，又是一个有趣的相遇十字路口。

我们意识到，在所有这些项目中，学生实际上是我们发起的许多教育创新的重要组成部分。如此重要，以至于我们由索菲·佩恩和帕斯卡·赫尔森指导的硕士学位现在被称为"研究与教学的创新方法"，它具有三个分支：教育技术和生命的交叉学科方法，我们为此专门补充了一系列关于数字技术和人工智能的发展的课程。学生在三个不同学科的实验室里进行了三次实习。我们对学生唯一一个强制要求是将理论和实验结合起来。我们希望他们同时具备先进的

5 学习提出好的问题

概念思维能力和实验操作能力。为了理解世界的现实,思想与现实之间的摩擦是必不可少的。这种培养方式会令他们成功:已毕业的学生目前就职于法国或国际上最知名的大学或者巴斯德研究所,有的校友自主创建了各类机构(初创企业、协会、合作社等)。

我并不是说经验丰富的教师-研究人员无法实现如此数量的创新。但是我注意到,这里的创新性来自学生,可能是因为他们还没有被自己的嗜好或习惯所束缚。一群有着不同背景、富含进取心和创造力的学生可以探索很多东西,直到今天,也没有什么比看到他们走进我的办公室,向我展示一项我没注意到的研究或创新,而他们知道如何利用这项研究或创新实现向前一步更能令我高兴了。

在法国,这种举措似乎是创新的,但放眼全球——原则上以大学规模为参考基准——情况并非如此。许多主要大学(特别是美国的大学)开设的课程即使是没有直接可比性,至少是受同一原则的启发。美国到处都是文理学院,学生可以从他们希望探索的众多学科中做出选择。

尽管这种创新发展在法国尚处于萌芽阶段,但还是存在的。作为一名生物学家,一名进化论专家,我知道深刻的变革可以从难以察觉的变化起始。我乐于相信,随着这些学生实践的发展,这一情况将会发生,而大学将知道如何为他们提供支持,以确保他们创新的质量。简而言之,大学会表现得像仁慈的导师一样。

大学的三大自由

在18世纪和19世纪之交的德国,一些原则的出现促成了现代大学的诞生,当时威廉·冯·洪堡写道,大学不应该是自上而下灌输知识的地方,而应该成为一个保护和促进的空间,在"仁慈的导师"的庇护下,大学建立在三个基本自由的基石之上:学习自由、教学自由和研究自由。

21世纪的学习

投身项目文化

在法国，研究人员对当前的教育局面负有部分责任。他们中的大多数人宁愿选择在法国国家科研中心、法国国家健康与医学研究院、法国国家农业科学研究院或法国国立计算机及自动化研究院等大型研究所担任100%的研究职位，也不愿在大学就职。当前的体制促使他们做出这样的选择：尽管近期那些投入时间、智力和精力来支持学生的研究人员的职业晋升更为顺畅，但总体而言大学对教学投入或教育创新的认可仍然微不足道。

有利条件不会凭空出现。以美国大学为例，实际上情况也并不乐观。把自己关在学科筒仓里的诱惑太普遍了，跨学科方法不是理所当然的，教师在教学实践中也不会自动将自己置于研究人员的位置。另外，仍然有多种手段和激励措施，例如"教学学术"（一种专业发展工具），旨在帮助教师—研究人员重视其使命的不同方面：生产新知识、传播（发表论文），促进新知识向公民社会转化，并传授给学生们。

美国组织形式的另一个特点是项目文化。人们确定一个问题或设定一个目标，然后集合所有必要的智慧。这在实验科学或医学领域尤其高效：如果你试图发射一枚火箭或治疗一名患者，那么总有某一时刻我们可以评估学科的联合成功与否：火箭升空（或不升空），患者治愈（或未治愈）……然而在人文科学领域，实验的评判并没有那么容易。

将洪堡"三大自由"之中的"学习自由"付诸实践就更加困难了。这意味着要彻底颠覆法国的主流逻辑，并信任学生。我们已经从"空白文凭"的例子中看到了如何筹划这一想法。在研究方面我们也实现了这一点。在欧洲，博士学位论文的主题往往是由导师提供给博士研究生的。在CRI，我们决定在索邦巴黎西岱大学的框架下扭转这一过程，帮助博士生研究他们自己选定的主题。

5 学习提出好的问题

我仍然记得在"生命的前沿"博士校的第一场评估委员会。来自其他机构的评估人员不相信学生自行定下了研究主题。当学生们答辩时,他们争取到了评估人员的好评。"当我得知你是自己定下研究主题时,我非常肯定这是不可能的,但我现在必须承认事实并非如此,如果你们准备支持与在法国普遍做法截然相反的观点,请举手"。所有人都举手了!学生们请求用英语发言:"我们从世界各地赶来做一些新颖的事情,很抱歉,我们用国际科学语言发言,因为这是一种可以在世界各地传播的语言。"他们成功颠覆了评估人员的认识!几小时之前,那些对我表示怀疑的人,最后和塞缪尔·博塔尼教授一起问我们如何能在他们的大学也做到这一点。正如我们博士校的最新评估所表明的那样,现在变得更容易了,这个博士校目前被称为"科研与教学创新的前沿",由穆里尔·曼布里尼和大卫·塔雷斯特负责指导志向攻读生命科学、学习科学和数字技术的交叉学科的博士研究生。

研究自由,学习自由,教学自由。在这三点上,CRI 都已经证明了创新是有可能的。但是,必须有足够的实验和创新的空间供所有希望这样做的人使用,不论他们是研究人员、教师、学生或其他可能对这些问题感兴趣的行动者。可惜目前事实并非如此。

不过,我并不主张把我们的工作方式强加于所有人。如果说我从根本上相信"自下而上"("基层"诞生的项目)的优点,那么我同样相信自我管理并不能解决所有问题:在大学中,就如同在经济或政治领域一样,也需要必要的良性激励机制,一种在瞬息万变的世界中能够识别机会、抓住机会并同时让尽可能多的人从中受益的机制。问题的关键是要把这种权力交给那些不会墨守成规的人。

移动的大学

在一个缺乏资金的标准化系统中,我们如何才能促进新想法的产生？这是一个核心问题。但是，答案也显而易见，我认为最具代表性的答案还是自由，这就是英国人所说的开放科学。它包括重新塑造发现的过程，鼓励所有行动者采用研究者的方法，为研究做出贡献的精神。

即便你不再是学生，你也可以做出贡献，因为你是数百万拥有智能手机的法国人中的一员。不但你可以获得比1969年NASA第一次把人送上月球时更强大的计算能力，而且你可以使用加速计、陀螺仪、磁力仪、GPS、录音机、照相机……你还可以使用互联网，也就是一个实时更新的世界图书馆，穷尽一生也不足以探索全部内容。借助社交网络，或者仅仅是电子邮件，你可以随时与同龄人或导师保持联系。

在某种程度上，你可以进入一所移动的大学！

大学之所以确立其地位，是因为它为一个由科学家和大学生构成的社群提供开展实验的技术以及书籍——正是因为有着资源丰富的图书馆（通过慈善捐赠募集了2000部书籍），成立于1254年的罗贝尔·德·索邦学院成了后来的索邦大学。几个世纪以来它一直是一所精英式、封闭和富裕的特权大学，现在它则面向社会全体成员。只有一些大型设备，例如欧洲核研究委员会（CERN，现更名为欧洲核研究组织）的设备仍是普通人无法接触到的。

但是余下的可探索范围仍然是巨大的。因此，每一名公民都有可能为实现原创性的观察做出贡献，并在网络上与他人共享。你在花园中看到一株从未见过的植物？你可以拍照并分享。如果它还未编入索引，科学家将可以完成后续工作。然后试着了解它。为什么这株植物从未在你所在的地区出现？是否和温度变化相关？

我们已经提到过，此类公民科学项目已经存在于自然历史博物馆中。用于分析城市中的噪声：洛桑联邦理工学院开发了一款应用程序，在一个欧洲研究项目的开放数据的框架下记录噪声，从而绘制日内瓦州的声音环境图。用于测量放射性水平：在福岛核事故发生之

5 学习提出好的问题

后,研究人员启动了辐射监测项目以收集事故现场周围的独立测量数据,并与公众共享。数十名市民在他们的手机中添加了开源硬件功能,从而可以测量放射性。

如果1986年切尔诺贝利核电站事故发生时,在乌克兰存在一个同样的机制,那么没有人能够试图让我们相信放射性云团已经奇迹般地停在了我们的边界处,我们会知道继续食用蘑菇是否合理。从某种意义上说,获得测量的民主化与获得信息的民主化一样具有革命性。

开放科学

数据是信息的原材料,而信息可以滋养知识。我们越能孤立某些事物,以最微小的单位去观察它,我们越能更好地理解它。这就是为什么物理学家花了几个月的时间来观察CERN粒子加速器中的希格斯玻色子——玻色子是迄今为止可以测量到的最小实体。抑或是分子生物学家会专注于某一分子,细胞生物学家则关注于某一个细胞。你越能孤立某些事物,你越有可能理解它的性质。许多科学都是以这种范式为基础,采用了还原主义的方法:我们很高兴能孤立这样一个因素,以定量的方式来理解这样一个物体的特殊性。

但是将事物与自然环境隔离开,你也会因此错过很多东西。理想的情况当然是能够在各种层次上进行研究,例如在生物学中,通过细胞和物种的成员来研究其分子和物种的生态系统。

开放科学与数字技术相结合,使在实验室之外的研究成为可能。回到我们的智能手机上,举个例子:睡眠。在过去,为了进行精准的分析,患者必须佩戴电极设备在医院住宿至少一个晚上。尽管测量仪器非常精确,但是却受到许多复杂的外部因素干扰(与在陌生环境睡觉有关的压力,无法自然地躺在床上等)。如今,有一些自体测量应用程序让我们可以在家中收集数据。与在医学监督下获得的数据相比,这些数据的数量和准确性都要低得多。但是它能够收集数百万人的数据,而专业的医疗中心只有几张床位。这些应用程序也使得每个人可以从即时反馈中受益,通过自己与他人情况的对比(我的状况是否正常?),通过浏览文章或论坛,通过与能够帮助自己将问题情境化的导师交流……继而,用户可以将手中的"数据"转变为"信息"。

在这一点上我们也见证了范式的转变。就像学生自己提出学位或论文主题,而不是教师—研究者强加于学生一样,在这里,是某一个主题决定了是否深入发展或开展一项研究,而不是由研究人员在未经协商的情况下擅自选择深入探索某一个主题。

当这两种方法结合起来时,科学研究就变得完全良性了,这就是为什么研究人员关注参与式科学的研究方案,正如我已经提到的"哨兵联合会"网络的框架。这正是从信息转变为知识的关键环节。

对于每次涉及收集数据的问题,毫无疑问,所用设备都必须受到严格的监督,以保护每个人的隐私。你可以随时提供睡眠的数据,而无须让所有人都知道你晚上在做什么!

慕课之后,让我们放眼大规模开放在线研究

马修·西塞尔是法国首位通过"慕课"(MOOCs)获得博士学位的研究人员,他在 CRI 的"知识冒险家"项目下进行博士后的工作,他的研究题目借鉴了一句漂亮的格言:慕课之后,让我们见证"大规模开放在线研究"(MOOR)的到来。大规模开放在线研究包括辅助使用这些公民科学或自我测量的应用程序来学习事物,以及与他人交流。

根据 2016 年进行的一项调查,参与式科学在法国仍然鲜为人知:只有 4% 的受访者表示他们知道这个词。但是《世界报》记者赫尔夫·莫兰解释,"如果我们(向人们)解释某件事物的实质,那么大多数人已经准备好参与其中,首当其冲的是推进医学的发展、普及关于

5 学习提出好的问题

生物多样性或气候的知识"。

甚至欧洲核研究组织也在开发参与性科学项目。《世界报》上同一篇报道指出,"25 000名'希格斯猎人'分析了(在欧洲核子研究组织进行粒子对撞实验时拍摄的)10万余张图片",目的是"用肉眼观察稀有事件或特殊事件"。另一个程序允许体验者将自己计算机上的"机器时间"提供给欧洲核研究组织。"1万名志愿者相当于一所大学计算机中心的实力。"

"公民研究者"的动机有时是经济上的,但在大多数情况下,他们的参与是出于对学习的真正渴望。

由此可见,学习型社会的开端已经显而易见。越来越多的公民一方面准备为研究做出贡献,另一方面借助研究来进行学习。为了取得高速进展,我们必须在两个方向同时加快进度。

第一个方向是道德,很抱歉我们反复回到这一点,但它确实至关重要。按照生物医学研究伦理委员会的模式(这一模式已经有很长历史),我们需要信息学、人工智能、机器人技术和教育方面的委员会。有必要扩大国家道德委员会的使命范围,有需要时建立特定的机制,而且还需要建立开放式智慧或开放式实践智慧的参与机制。因为在我看来,对道德的反思不应局限于一个封闭的专家小组,无论其小组成员多么称职,无论其委员会是公共的还是私人的。谷歌公司成立了企业内部的道德委员会。我很高兴谷歌公司对伦理学感兴趣,但是我们是否应该将有关人工智能的未来的伦理思考完全托付给谷歌公司的雇员呢?在我看来不是。

第二个方向是教育,我在这里简短地谈一谈,因为你们理解,这是另一个我所痴迷的领域。在教育问题上,各个层级都能够展现同一事实——一个人可以成为这个知识型社会的行动者,而不仅仅是数据的消费者或提供者。如果小学脱离一种"牢记在心"和重复式的教学法,那么它就已经做好了准备:我们已经提到过的法国科学院的"动手做"项目在这个方向发起了数十项教育活动,包括多次提到的"知识冒险家"项目。原则上,大学是由其性质决定,由教师—研究人员建成的。但是,仍然需要在各门学科之间建立交汇点,并在每个学科领域中考虑智力革命的影响。除了教师或协会的特殊倡议外,初级和高级中学往往被排除在外。更加遗憾的是开设在高中内部的著名的预备班——为大部分的"大学校"输送人才的主要营地,这里的学生可以在个人或集体工作的框架内进一步为交叉学科项目做出贡献,他们的能力丝毫不逊色于世界上最好的大学中培养出的优秀大学生。

开放科学,开放社会

走向更加开放的科学,也意味着为一个更加开放的社会的出现做出贡献。参与式科学的种种举措并非仅供少数人所用,而是构成了一扇扇对知识开放的大门。你可能没有在学校体验到学习的乐趣,在离开校园后出于个人原因参加了一项研究(分析个体的睡眠、了解癌症治疗的效果等)而发现学习的乐趣,促使你从特定的视野(我的睡眠,我的癌症)拓宽到一般的视野(睡眠,癌症)。

这就是学习型社会。在这种逻辑下,你会留下所取得的原创或创新成就的痕迹。你阐述了解决某一个问题或难题所采用的方法。可能你创建的内容或技术将使其他人抓住这些问题的核心。你不仅允许他们学习,而且允许他们"学会学习",给他们信心,也许可以向他们传输能够继续走或走得更远的愿望。

大挑战

如何促进这种良性循环?我坚信在于挑战的提出,最好是非常宏大的挑战。我们所处的社会和时代并不缺乏挑战。包容的挑战、可持续发展的挑战、和平的挑战。学习型社会并没有将挑战的解决方案预留给小精英们，这些精英们从青春期开始，就在基于过去的知识的竞争体系中"击败"了他们的同学而战胜了教育挑战，而学习型社会则呼吁大家共同努力想出创造性的解决方案，使尽可能多的人在未来受益。正如《经济学人》所描述的那样，越来越多的大学正在进行变革，为学生提供应对挑战的契机。

让我们去中国，以便更好地了解

自从清华大学国际开放创新教育中心（Open Faculty for Open Innovation, Open Education, Open Science, Open Technology and Open Art, Open FIESTA）成立以来，我一直定期访问该中心。受到 CRI 的启发，在 CRI 校友徐芦平的帮助下，Open FIESTA 由世界排名前 20 位的清华大学与法国 CRI 共同发起，主要活动位于北京，在深圳设有分支机构。

30 年前，深圳只是一个小渔村。但是由于靠近香港而获得了中国政府授予的特区地位，并在短短几十年内成为世界上最具创新力的城市之一。其人口增长速度惊人，2016 年达到 1600 万居民。

清华大学完全没有人才吸引力方面的担忧。事实上，情况恰恰相反：它每年从全国 900 多万名高中毕业生中挑选顶尖的 3000 多名。学校领导发现，这些经过筛选的学生对 21 世纪的技能，尤其是创造力和合作能力的掌握并不理想。然后他们对高中二年级的学生进行了测试，发现高二年级的测试成绩远远优于毕业班。因此，高考前为期一年的"临阵磨枪"扑灭了学生们心中的火焰——这里所谓的"临阵磨枪"是极其高强度的，这样才能在高考中获得良好的成绩。高考是一项真正的国民仪式，对一些学生来说，每天要学习 16 小时，其家人还需提供持续的经济支持，正如《解放报》2016 年的一篇报道所描述的。

清华大学的一位副校长得出结论："我们以高考为标准招募最优

秀的人才，但我们不确定这是否是最合适的标准。因此，实际上，我们不确定是否招收了最优秀的学生。我们甚至不确定是否能在之后最好地培养他们，因为我们仍处于这种竞争的范式之下，这种范式建立在我们将问题以不同学科界线而分隔开的基础之上。此外，我们更多地依赖于以前的知识，而不是创造力、合作和发明其他东西的能力。"

如何重新点燃学生的火焰？我们与物理学、纳米技术和生物技术领域杰出的研究人员徐芦平共同创立了国际开放创新教育中心。中心旨在培养学生利用开放科学、参与性科学和人们热衷的开源技术以应对重大挑战。中心的教学方式是创新的，并提倡社会企业家精神。

为什么在中国和世界其他地方一样对开放式创新如此感兴趣？因为它带来了回报！多项研究表明，与专门的研发服务相比，开放式创新对企业创新的贡献更大。

因此，Kaggle这样的平台取得了成功，自2010年以来，Kaggle一直帮助企业在数据科学（大数据）领域向互联网用户发起挑战，从而解决棘手的实际问题。通用电气、乐购、微软和美国国家航空航天局都曾参与其中，即使研究成果不属于企业（这是Kaggle设定的条件之一：如果原始源代码是保密的，则解决方案就会公开）。由制药集团礼来公司创建的Innocentive也提供相同类型的服务。

当开放式创新与集体智慧齐头并进时，也就是我们呼吁每一位参与者分享他们的每一个进步时，其结果要远远好于我们将问题交给实验室中孤立的研究人员。正如哈佛商学院教授卡里姆·拉卡尼在生物信息学中的示例：无论一个组织的规模和吸引力是怎样的，无论它是公共组织还是私人组织，能够解决问题的外部人才总是多于内部人才。

可以调动集体智慧的空间才是学习的最佳场所。哈佛大学教育学院理查德·埃尔莫尔教授以学习地点和学习方式划分两个坐标轴，一个轴向是个人的或集体的，另一个轴向是等级化的或自由的。在他的慕课中，我们找到了这四个象限。

5 学习提出好的问题

学习模式

- I 个体分层
- II 群体分层
- III 个体分散
- IV 群体分散

在第一象限中,我们观察到个体在一个等级化的系统中按照统一的课程大纲学习,在许多教育环境都是这种情况。第二象限是小组学习,但总是按照他人制定的规则学习——体育课或小组练习就是这种情况。第三象限,个体是自由的但孤立的:他们是自学成才的人,如今他们可以借助网络课程更轻松地满足对学习的渴望。第四象限,我们看到集体可以自由地组织学习。第四种情况可能是最不为人所知的,这些个体希望互相学习。他们通常更能理解克莱尔·希伯·萨夫林几十年来谈到"知识的相互交流网络"时的描述:"没有人能知道所有事物,但每个人都知道一些事物,因此我们只能从交流中获益。"这些共享空间正变得越来越多,尤其是面临挑战或面临前所未有且需要创新来实现的机遇的群体。毫无疑问,我们在某些时刻在每一个象限中都学习过。我们在哪个象限学习得最好?这可能取决于个体、主题以及个体组织学习的方式。

开放的理念不仅应用于想法或计算机代码,你也可以运用这一

149

理念来制作物品（例如在微观装配实验室中）或制作材料。其中最著名的机构是"阿尔迪诺"，"这是一家开发、制造和销售电子卡片或微控制器的企业，产品简单又便宜（约20欧元），是许多DIY工作不可或缺的'大脑'。"每年甚至会举办"阿尔迪诺日"，2017年在78个国家或地区发起了499场相关活动。然而，这样的成功绝不仅仅因为电子卡片和微控制器的简单易用与价格低廉，正如几家微观装配实验室的创建者埃曼努埃尔·鲁在《世界报》所总结的那样："阿尔迪诺真正的力量在于其社群。"

如果没有艺术的参与，那么我们在CRI或深圳进行的开放式创新、教育、科学、技术的结合就不会具有相同的创新性。我坚信艺术家也可以参与其中，并从其他社群所做的事情中受益，近年来越来越多将艺术和科学融合在一起的场所和事件可以说明这一点。"我们所处的时代，性别、人与动物的关系，甚至生命与非生命的关系都升级为紧迫的问题。这些问题太复杂了，无法在一门学科中得以阐述。例如，长期以来艺术家们一直对性别提出质疑，机构有责任将艺术界与科学界联系起来，使他们能够进行对话，"德国孤独城堡基金会主管让-巴蒂斯特·乔利在2017年11月的《世界报》中解释道。

此外，创新远没有人们想象的那么空前绝后：在17世纪学院诞生之前，各学科知识之间并未分离："科学与艺术都涵盖于文艺复兴时期的人文主义文化之中，并且当时的杰出人物，例如伽利略或笛卡儿，都接受了艺术和哲学方面的培养，更不用说达·芬奇了。例如，伽利略练习绘画，帮助他成为了一名敏锐的天文观察者。"

在英国，我们看到STEM教育正向STEAM教育加快发展。通过在课程中引入艺术和创造力，为科学、技术、工程和数学教育带来更多的动力。

我们创造了艺术家和科学家可以共同生息的场所，例如，麻省理工学院接纳了魔术师，因此技术可以从魔术和艺术中得到启发，

5 学习提出好的问题

反之亦然。如果说首先是手握资源且敢于开拓的先驱者的意愿问题,那么有远见的领导者可以利用最少的预算让此类情况发生。在清华大学时任校长陈吉宁的领导下,深圳的国际开放创新教育中心成立了。一贯重视系统性方法,陈吉宁当时最关心的是如何促进一个学习园地,一个重新塑造学习方式、共同生活和相互学习的场所的诞生。此后不久,他被任命为环境保护部(现生态环境部)部长,环境治理力度前所未有。2017 年,陈吉宁任北京市市长时,他希望在北京创建一个具备全新学习方式的标志性场所,面向所有人开放。

人人都是研究者

正如我们在谈及艾莉森·高普尼克时说到的,儿童的提问是高度自发的,在 4 岁左右达到一个高峰。因此,我们都是天生的研究人员。我们甚至看到,只要处于一个有利的环境中,儿童甚至可以发表科学论文。但是,在随后的生涯并不是我们每个人都接受了科研培训,接触到仁慈的导师,并处于一个有利于进行实验的环境中。如何培养、保护和深化这种与生俱来的能力呢?哪些方法可以使我们完善和增强提出问题的能力?

今天这些问题绝对是具有战略意义的,当今世界中,人工智能每天都在提供越来越多的答案,而环境危害要求人类质疑自己的生活方式和组织方式,包括我们个人或集体做出决定的方式,人类或人造实体为我们做出决定的方式。

如果将我们的时代与苏格拉底的时代进行比较,很显然,我们有更多的理由扪心自问:雅典这座城市迎接了诸多挑战,但地球并没有处于危险之中,人类的地位也没有因为 NBIC(Nanotechnology, Biotechnology, Information Technology, Cognitive Science,纳米技术、生物技术、信息技术、认知科学四大前沿科技)的发现而受到影响!与古希腊相比,我们有更多的理由问自己,谦虚地接受我们不知道一切事物的事实,承认我们生活在一个不确定性多于确定性的世界里。

我们该怎么办?学会管理转变,在不确定的环境中做出决定,像苏格拉底一样说"我知道自己一无所知"——这为苏格拉底在其所处时代赢得了"智者中的智者"的美誉。康德说:"一个人的智力是以他能承受的不确定性来衡量的。"我们决不能逃避不确定性,更不能否定它,而是要敢于质疑,敢于在不知道时勇敢地说出"我不知道。"

怀疑、质疑的能力不容易接受。确定性往往更容易承担。但是如果确定性错了,那就更加危险了。苏格拉底深谙这一点:接受质疑和不确定性总比坚持不正确的确定性要好。这就是研究人员所了解的:他们的确定性本质上是暂时的,只在新的确定性尚未补充或取代它们之前有效,而后者也并不一定会使它们无效。即便爱因斯坦此后一直不断地证明我们在物理学上可以走得更远,但牛顿的物理学定律仍然成立。它们甚至足以描述我们所能经历的大部分事情的本质。但这并不能否定一个事实:牛顿的物理学定律仍然不是完备的。

此外,如果我们花时间思考那些试图将个人的确定性强加于我们,让我们认为他们的确定性是绝对的,而不是暂时的情形,我们很快就会意识到,这些人不一定是为我们好。在大多数情况下,他们可能企图控制我们的大脑,使我们消耗或屈服,其他情况则像集权制一样,将那些与他们"想的不一样"或"做的不一样"的人拖入致命的极端主义形式之中。

在这一背景下,继续营造竞争的氛围,基于学生回答已知知识的能力进行评估,这是否合理?我不这么认为。记忆和计算是当前教育评估的两个核心维度,而机器在这两方面表现得更好。对下一代的评估若是基于提出问题和发明新方法的能力,则是更加明智和前瞻性的。而在今天,只有在高等教育的尾声,对于那些达到硕士、博士研究生水平的人,我们才进行这样的评估。21世纪教育政策的一个基本问题是:我们如何让每个人都意识到,对好的问题不一定有

5 学习提出好的问题

确切的答案?

了解这一问题的一个好方法是从不同角度审视同一问题,或者邀请中小学生或大学生评价一个问题是否科学。

什么是科学的问题?我们希望有一天能回答这个问题。你怎么知道的?通过定义一种可以帮助我们获得答案的方法。这是借助理论语料库或实验系统来实现的。这种方法不仅对物质世界有效,像"上帝存在吗"这种形而上学的问题,也可以从这个角度入手。对此,科学家现在还不知道如何回答。但是他们知道如何围绕这个问题提出许多问题:为什么人相信上帝?从什么时候开始的?在某些文化和宗教中,一个人如何从信仰多个神灵变成一个神灵?这些信仰是普遍的吗?法律如何根据一个社会在某一时刻是否信仰上帝而发生演变?那些相信上帝的人的行为更好吗?行为更糟吗?问题是无止境的,这也是科学进步的方式:总是提出"另一个"问题,一个我们还不知道答案的问题。简而言之,即使对于一个非科学的问题,科学地提问可能仅会提供部分的和暂时的答案的元素,但它使得各个年龄段的知识都有所进步。

因此,参考"新学校"项目,我们同样可以借助这一逻辑下的课程,试想一种反对传统教材的教学。这样做不是试图表述某一段真理,而是尝试就某一主题描述在过去或今天可以提出的好的或者最好的问题。这是一种引导学生进入开放性问题,诸如哲学问题的方法——什么是美?什么是真理?什么是公平?——这些问题的答案本质上是开放的。学生们还将理解,存在不同类型的问题(哲学、科学、存在主义、个体……)。

教师"导师"

只有对教师的初始教育和继续培训进行强有力的改革,这种演变才有可能应运而生,教师才能看到作为一名导师的优势所在,正如《奥德赛》中智慧女神雅典娜伪装成"门托尔"教导忒勒玛科斯一样。

教师"导师"或"辅导教师"不是知之甚少的组织者，而是一位获得了高水平科学知识的专业人士，此外他致力于以一种令人振奋的、善意的方式进行指导，不会假装自己知道更多的知识。例如，这就是我们在影片《明日进行曲》中看到的芬兰教师的态度。大家都知道芬兰是世界上教育最好的国家之一，这表明指导并不妨碍学习的严肃性。

正如我们已经提到的，这种运作方式还意味着对教育系统"管理"模式进行彻底的改造，如今，教育的管理权在没有直接教学能力的校长和督学手中。而督学则过于强调监控的职能，而不是支撑的职能。

在学习型社会中，教师不是唯一的专业人员群体，这一群体应当能够反思自己的实践并集体加以改进。实际上，这适用于任何类型的组织。企业开始明白这一点。正如麦肯锡前顾问弗雷德里克·莱卢在其著作《重塑组织》以及在魁北克的一次会议视频中所描述的，长期以来，企业希望提高效率的手段是增加控制层。这可以追溯到19世纪，当时信息难以流通，确保生产链各级协调的最佳方法是建立集权化的连接点。顺便说一句，包括国民教育在内的行政管理部门就是根据这一原则建立的。这种倾向的结果是堆积了等级化的层次结构，增加了管理成本以及人员工资。信息自下而上传递到等级制的金字塔塔尖，顶层做出决策并自上而下传递指令，中间的层级确保指令的正确执行。

当世界发展相对缓慢时，这个组织模式取得了成效。即使在今天，你仍然可以在信息传播缓慢的组织中看到它，在马背上，或者是在蒸汽船上。

但在一个信息传播速度快很多，变化、发展和需求不断增加的世界里，这种组织方式并不令人满意。我们可以将其与生物机能进行比较。有一些决定是大脑完成的，其他一些决定则是在脊髓中直

5 学习提出好的问题

接做出的,从而可以更快地做出反应。这就是反射的原理:当你被烫伤时,你会立即做出反应,而无须等待大脑的指示。这也适用于像蚁穴这样的组织:每只蚂蚁在其基因组的影响下自主做出决定,而基因组本身就是进化的结果。同样的问题在所有组织中都会出现,涉及一个自治的概念:在什么情况下,允许一名行动者,甚至鼓励其独自做出决策?又在哪些情况下,他"上传"信息会更好?

互联网、电子邮件、即时通信和社交网络的发展彻底改变了游戏规则。信息流不再仅仅是垂直的,也可以是水平的,我们可以实时地,在全球范围内获得无限数量的信息或决策。

弗雷德里克·莱卢尝试为从垂直到水平的"重塑组织"建模,为不同阶段的组织模式分配了一个颜色代码并分析其特征。

正如安妮·卡恩在《世界报》上所解释的那样,莱卢的"方法论是用一个小规模下依据系统化方法进行集体决策的系统,取代传统的金字塔形组织",以避免其沦为一个表面上"无分明等级""所谓自愿",但实际上"通常非常烦琐和低效""权力游戏在幕后展开"的组织。

生物学中,我们用"可进化性"来描述生物体不仅能够永久适应不断变化的环境并传递这种能力,而且最重要的是能传递适应性机制的能力。例如,我在前文提到的,通过观察细菌对抗生素的抵抗力已经证明了这一点。

为生存犯"错误"

弗雷德里克·莱卢的论文的核心在于,如果每个人都以相同的方式理解其所属组织的总体使命,那么他们都将知道如何在其所处层面以适当的方式采取行动,只有在出现真正的问题时才会上传信息,从而避免了大量的繁复。然而只有在个体不被视为机器上的齿轮,而被视为一个完整的人时,这一运作方式才能实现。例如,我们在

21世纪的学习

组织内规避晚间会议，这样人们可以陪伴孩子，或者我们在组织内举办一次家庭探访日，促进职业和家庭生活相互融合……总之，你会得到具体的认可，对于组织而言，你并不仅仅局限于作为雇员的身份。

例如，多米尼克·蓬在法国最大的私人诊所——图卢兹的巴斯德诊所就是这样做的。诊所的利润再投入研发，并向雇员支付了奖金。成功的秘诀在于什么？多米尼克·蓬在2017年5月接受《快报》采访时表示："依靠于雇员，这不仅仅是发放第13月的工资，这也是对工作幸福感的承诺。此举对团队和患者都有益：诊所中平均8名护士为15位患者提供服务，是其他机构的4倍。自2015年以来，诊所接纳了一家初创孵化器 Hi-lab。它正在开发一个数字'患者空间'，一个借助智能手机应用程序以确保药物管理安全的系统。患者的亲属可以了解患者实时的位置、是否进入或离开手术室等。一旦我们可以'人性化'管理事物，我们就会这么做。"照顾患者和医护人员本是不言而喻的，但是在一个受行政与财务制度和历史束缚的组织中，这已经变得非常困难。一份工作包含的任务越屈委尊严，对人的关注就越为重要。

学习型组织

对于弗雷德里克·莱卢在企业层面上的研究成果，经合组织在国家层面也证实了相同的观点：认同感、工作幸福感和整体幸福感之间具有显著的正相关关系。那些建立了不断发展且富有成效的自由框架的国家有利于在不同层次上创造双赢局面：个人愉悦感、组织效率、组织服务水平和对社会的信心。

如何将成功的本地经验分享给他人？我们如何确保图卢兹巴斯德诊所实施的措施也有益于其他机构？为什么在医学领域的实验不能启迪其他领域——例如教育的实验？这正是学习型组织的目标。

5 学习提出好的问题

数字技术使学习型组织中的每一成员都可以通过共享向他人学习。即便是处于竞争关系的企业，它们也都可以一同寻求行业必需的解决方案，以推进整个行业的发展并适应这一挑战。

在过去的世界中，只有很少一部分训练有素的精英可以接触到数据并制定决策。今天，我们幸运地受益于各类工具，这些工具可以使尽可能多的人为集体谋求福利。我们朝着这个方向培训的人越多，寻求解决方案的人就越多，我们越可以期待问题能够逐一减少，特别是当我们记录下已找到的解决方案，进行改进与分享的时候。

个体和集体的提问

关于个体，我们谈到过个人的学习能力和细菌一样要"学会学习"，我们还可以将这一观点延伸到我们所属的集体——家庭、地方、组织、国家、各大洲……我们可以鼓励所有这些集体尽可能向学习型组织发展，我认为这是一个普遍认同的对未来的憧憬——很少有集体对其运作方式完全满意。

如果留心关注所处的环境，那么你可能已经在周边看到了这个学习型社会出现的痕迹。20世纪80年代末，美国社会学家雷·奥登伯格提出的"第三空间"的表述，在世界范围内广泛流传。第三空间指的是建立社会关系和人们学习的场所，既不是家庭，也不是各年龄对应的学校或工作场所。

在每个人都可以借助互联网访问一个全球图书馆之前，图书馆，特别是咖啡馆是19世纪和20世纪典型的第三场所。在今天，第三空间的化身则是在英语国家所说的"创客空间"，其中最有名的是我在前文提到的微观装配实验室。理想形式下，创客空间向整个社区开放，并且记录了在其内部学习或制作完成的所有内容，以便之后的使用者可以借鉴。"创客空间、黑客空间和黑客实验室是一些类似的实现形式的名称（资源支配、基于实践社区原则的运作、主张自由访问的价值观、合作、自治、团结)。"戴维·瓦莱指出。

第三空间也组织会议,邀请每个人执行一个公共项目或解决一项与地区相关的挑战。从本质上说,它们是民主的孵化器:你脱离了习惯的关系、参考体系和影响圈(家庭、学校、公司、机构等)。要解决的公共问题与公民身份有关:你参与解决的问题可能会影响到你众多关系圈中的一个,甚至多个。当然,它们也鼓励人们跨越学科界限,因为它们不像大学那样,一不小心就会分类太过精细化。

第三空间是学习型社会最精妙的表达,是学习型社会在一个地区最明显的体现,是蜂鸟衔着小水滴无法独自扑灭大火,与其他蜂鸟相遇并一同执行全新且更有效策略的场所。最重要的是,这些第三空间也可以成为协会、教育创新和地方项目的孵化器。

在法国有数百个这样的场所,全世界有成千上万个这样的场所。其中一些已经是非凡且引人注目的创新空间,例如建筑师瑟纳梅·科菲·阿伯基努于2012年在多哥首都洛美创建的Woelab,它的成就中最受媒体关注的作品是利用欧洲运往非洲的电子垃圾制成的3D打印机。

但Woelab的真正目标远不止此,正如其创始人解释的那样:"我们在这里所做的一切都得到一个名为HubCité的城市项目的支持。我们的设想是,今天的初创企业是改变城市面貌的最佳方式,比城市规划师所能做得更快捷。"因此,Woelab以尽可能公开的方式运作,技术只是项目诸多元素中的一部分:"我们是一个开放的空间,每个人都可以在这里发挥自己的潜力。你可以在这里找到很多技术,就像在所有'技术中心'一样,但是我们也回收利用了一些来自传统社会的概念。例如,初学者的围场,即一个乡村文化中青年人聚集在一起自我开发的场所。我们正在尝试建立一个开放的社区。我们有木匠、裁缝、之前还有一个流浪者……这是一门现实中的社会学,我们并不习惯这种空间。"我们可以在几乎任何规模和任何环境下创建第三空间,以应对特定的挑战。

5 学习提出好的问题

法国洛林大区萨尔格米讷市的 FabUlis 是一个针对残疾儿童的微观装配实验室，ULIS 是中等教育机构中一个特殊的结构，即"融合教育校园小组"的缩写。FabUlis 于 2014 年在亨利·诺米内高中成立。最初，实验室只招收残疾学生。如今，实验室也面向来自高级技师班（BTS）、职业类高中（BAC Pro）、专业技能班（CAP），甚至理科高中毕业班的学生……

这就是实验室发起人所倡导的"反向融合"：不是将残疾人整合到一个预留给健康人的空间中，而是邀请健康人进入一个设计阶段优先考虑残疾人需求的空间。"在 FabUlis 成立之际，2014 年 11 月初，患有认知障碍的职业类 ULIS 学生基于两个月的校园生活制作剪辑了一段视频，向他们的同学、家长和希望了解这一政策的人介绍职业类 ULIS"，实验室联合创始人巴普蒂斯特·梅尔加雷霍和亚历山大·贝纳萨解释道。他们指出："学校内部对残疾的看法已经发生了改变。一些教师改变了教学方式，定期来 FabUlis 交流。其他教师只是在上课时间将他们的学生与 ULIS 框架下的学生'交换'，让他们的学生在 FabUlis 内开展项目，并将有特殊需要的学生纳入他们的课堂。"

这种仅需 4 万欧元初始投资的措施，如何改变一个地区的运作？根据麻省理工学院制定的微观装配实验室章程的建议——向所有人开放。当地企业家没有创新所需的激光切割机或 3D 打印设备吗？他将能够自由地在实验室使用这些设备，必要时，从年轻人那里获得帮助，并且，说不定他可以雇用一些人来实习，甚至工作。人们创造一个原动力。首先在学校内部，然后在街区。逐渐地，释放的能量可以转变为一个地区的动力：其他行动者听到它的传闻，前来了解正在发生的事情，并促成了物理学家称为"核化点"（原子开始结晶的位置）的生态系统的诞生。它们是自催化和指数级的动力。

因此，我们在"知识冒险家"项目框架下与 FabUlis 合作进行了一个名为"大脑的知识冒险家"的计划。目的是介绍神经元的功能，揭示大脑可塑性的原理，即神经元重新构建连接以寻找替代解决方案的能力。这便是学习的基础。在开展项目的过程中,学生们意识到缺乏睡眠、压力、酗酒或吸毒对大脑功能产生的负面影响。在学年末,他们坚持要给同学们做一次演讲,向同学们解释大脑可能是他们所拥有最宝贵的东西之一,大家都必须照顾好大脑。

这个例子绝妙地说明了 21 世纪的"学习"的巨大动力。前文提到的"知识冒险家"项目就是在巴黎 CRI 创造的。FabUlis 开发的"反向融合"项目受到了 20 世纪初由美国教育家约翰·杜威倡导"做中学"的教学原则,以及尼尔·格申费尔德在波士顿发明的微观装配实验室的启发。FabUlis 的诞生归功于洛林地区的两位教师的强大魄力,他们将学生的幸福放在了第一位。借助数字技术,所有这些教育措施都可以融合并构成网络的一部分。

向"学习庆典"迈进

即便是短暂的第三空间也可以帮助催化这种学习的巨大能量。每年音乐节汇聚了全球成千上万的音乐家。从 1989 年开始,从幼儿园到大学的"美食周"活动是"健康膳食"的庆典。我们为什么不组织一个"学习庆典"呢?在世界各地已经有许多类似的活动,有些是面向大众的,有些是针对特定人群的。在新加坡,终身学习节持续一个月,庆祝学习的快乐。在荷兰,9 月的学习节特别针对老年人、未成年人、求职者、残疾人和无学历人群。澳大利亚为 4~8 岁的孩子举办了悉尼学习节。丹麦学习节汇集了教育与培训领域的 8000 名参与者。

以新加坡为例。2017 年终身学习节选择了四个主题:面向数字化未来的学习、共同学习、通过实践和技术学习以及终身学习。活动鼓励所有学习场所面向公众开放,展示它们的日常活动。任何场所都有可能成为学习场所。面包师可以敞开面包店的大门,银行可以展示交易室,医院可以开放一个部门或研究实验室……在新加坡,这一节日活动是家庭化和世代相传的。这不仅使这座城市成为一个学习空间,而且彰显了各个年龄段人群都在学习的事实。

因此,无论在法国还是在其他国家,都存在不少创新的教育行动。令人遗憾的是,仍然严重缺乏一个特定机制,能够记录下所有这些壮举,能够把各种行动联系起来,允许洛林市以外其他地区的教师复制像 FabUlis 这样的教育措施,而无须再次从零开始。我们必须创建一个教育行动的机制,不仅允许此类项目的出现,而且还应使它们具有可见性,易于理解,使其他人也有机会应用项目,并使得方法适应地方特色。到目前为止,我们看到的是一种思想状态,必须使它壮大成为一种文化,使这场革命能够走出内部人士的圈子。

还有一些措施可以在特定的主题上调动能量,例如创建奖项。1919 年,法国一个旅馆业巨头雷蒙德·奥泰洛宣布,他将奖励 2.5 万美元给第一个能够从纽约不间断飞行至巴黎的人。八年后,查尔斯·林德伯格驾驶一架很小的单引擎飞机"圣路易斯精神号"实现了这一壮举,并摘得奥泰洛奖。但与此同时,接受挑战的 9 个团队在航空研究上投入了 40 万美元。希腊裔美国杰出企业家彼得·迪亚曼迪斯受此启发,创建了 X-Prize 奖项。1996 年,他承诺向第一支建造能够在两周内两次将三名宇航员带离地球 100 千米的太空船的队伍提供 1000 万美元的资金。由于不具有全额资金,X-Prize 基金会通过投保,以防范一些人可能会发起相当疯狂的挑战。八年后,莫哈韦航空公司的一支团队成功了。但是这一领域的全球总投资额也更大了:参与挑战的 7 个国家的 26 个团队总共花费了超过 1 亿美元!X-Prize 基金会此后也发起了一些其他领域的挑战,其中包括一个仍在进行的教育挑战:在教育系统无法满足日益增长的教育需求的国家设计自主学习工具,为儿童提供教育机会(2017 年入围决赛的五名候选者每人获得了 100 万美元以实现他们的想法)。法国和世界各地都可以采取这种主动行动,以应对当今时代日益增加的挑战。

21世纪的学习

研究转折来面对转折

第三空间还具备另一项优势：它们可以是集体研究系统性变革和转折的场所，无论是社会转折还是孤立机构之间的转折。在大多数社会中，机构之间的衔接会缺失或效率低下。然而，有时只需要一点点行动就能改变生活。法国雷恩市设有一个"时间规划处"，其任务之一是研究流动性问题。人们发现，在雷恩大学维尔让校区，只要简单地错开上课时间，就能缓解地铁早间的拥堵。将一年级和二年级学生的上课时间推迟15分钟就足以解决整个城市的交通问题！要做的就是管理公共交通运营商凯奥雷斯和大学之间的衔接。

刚刚我们谈及了一个优秀的例子，但是又有多少个功能受阻的例子呢，在交通运输领域之外呢？

在当今世界，我们生活中越来越多的方面受到算法的驱动，而这些算法将我们简化为需要以最合理的方式"处理"的非实体化数据。这些算法入侵我们生活的时间越长（毫无疑问，现在仅仅是一个开始），我们就越需要空间来证明一个人不是一个数据或一个无生命的齿轮，而是一个有发言权的多维空间的存在。

因此，学习无处不在。

学习贯穿所有年龄段始终。

我们已经详细讨论了学龄阶段的学制教育，并通过学习型社会的概念谈到了成年人的教育。但一般来说，有两个时段不在政策关注的焦点：学前教育和退休期。

学前教育——儿童早期——是绝对的关键时期。前文我已经提到过艾莉森·高普尼克，她是一位关注于婴儿思维方式的研究人员。心理学并不是唯一一门认为尽早投资教育至关重要的学科。经济学也佐证了这一点，尤其是诺贝尔经济学奖得主詹姆斯·赫克曼在科罗拉多州进行的佩里学前教育计划试点项目的评估工作。该项目针对来自贫困背景的儿童，从出生开始就对他们进行大量投资。赫克

5 学习提出好的问题

曼表明,项目的投资回报率为每年 7%~10%——投资 100 美元可为社区带来 107~110 美元的回报,实现了资金节约(更少的医疗费用、补助、司法费用……)和直接收益(例如,更好的培训可以带来更好的就业能力与更好的职业发展,缴纳更多税金而为社会做出贡献)。因此,中期和长期收益要高于短期成本。我们必须促进早期投资,例如,设定具有社会影响力的合约的目标,而这些社会影响将会不断发展。

我并没有低估推进这一想法向前发展的任务难度。仅在儿童早期,要处理的问题就涉及诸多学科(儿科、心理学等),这些学科的运作方式是密不可分的,机构也同样多样化且分散(公共健康、社会事务等)。此外,儿童的托管机构也具有极强的异质性与分散性(家庭、社区式托儿所、市政托儿所等)。还必须将这些正式机构与非正式机构联系起来,首先要从家庭开始,家庭是儿童早期教育的主要场所。

例如,谁来告诉父母以及如何告诉他们:国际研究表明给儿童读故事是未来学业成功的最佳预测指标之一?如果父母不识字,或者水平不够,谁来承担这一任务?谁向家长解释,只有在他们临场及监督下,并针对特定节目或应用程序时,屏幕(尤其是电视)才会有助于学习?成瘾的风险不仅发生在毒品上,而且也存在于社交网络和游戏中?睡眠对于学习至关重要,但使用屏幕会干扰睡眠?

尽管最令人瞩目的学习成就与幼儿有关,但这可能是公共行动中最分散、组织最松散的。例如,托儿所可以成为对幼儿期进行参与性研究的最强大的实验室,并有助于形成以儿童为中心的学习园地,而且有助于在母婴保护机构、托儿所、幼儿园、其他可能的地方机构之间传递信息,支持不同人群,当然最主要的仍然是家庭。我们决定在 CRI 开设一个父母与婴儿实验室,一个服务于起草新政策的第三空间,让家长和未来的家长助力探索相关主题的知识和技术。

退休期是另一个被忽略的阶段，尽管现在退休期有可能和工作年限一样长。但是，正如社会老龄化问题专家塞尔日·格林和皮埃尔-亨利·塔沃洛在《代际战争不会发生》中提到的，退休人员"让公民机器保持运转"：他们在社会团体中占多数，占据法国三分之一的市政长席位，他们中有 400 万人在帮助比自己年长的老年人。我们的社会团体是否投入足够的资金来培训和支持从事儿童早期、中老年人群相关工作的专业人员？显然没有。而我们的社会对老年人群可以传递的信息利用则更少。养老院或安乐治疗机构也可能是一个很好的研究场所。

首先，是为了使生活在那里的人群受益。在此类场所进行的研究表明，生活质量的概念实际上比当人们处于健康状态时所能想象的要更加主观。其中有一个定义似乎是最有效的，在与患者交谈时，这个定义阐明了人们在期待什么以及人们能够做什么。如果我们知道如何调整期望，以及如何收获高质量的人际关系，那么我们即使身体非常虚弱，也能在这些时刻拥有真正的生活质量。

这种经验分享可以使所有人受益。那些陪伴临终者的人表示，他们很少提及我们大多数人在其他年龄段可能关心的问题。临终者不会谈论金钱或权力关系。他们更多地谈论爱情、价值观、与他人的关系，甚至精神世界中的问题。我们如何保存下这些人的记忆？我们采取何种措施让他们传达他们的想法，他们的价值观，他们的故事，他们的情感？如果在生命尽头，最重要的根本不是社会推动我们在整个教育和工作生活中所追逐的目标，那么在我们到达人生旅程的终点之前关注这些目标是否合理？

美国心理学家约翰·伊佐记录了老年人的这种智慧。伊佐与同事一起，要求几十个人指出朋友圈中他们认为比大多数人更睿智的人。最终他们锁定了 200 名年龄在 60~106 岁的人，每个人都被朋友和熟人描述为"他们周围唯一一找到幸福和生活意义的人"。这些人包括一名乡村理发师、一名大屠杀幸存者、一名原住民领袖和一名企

5 学习提出好的问题

业主。他们向这200名累积了18 000年生活经验的人问了同一个问题:"什么给你带来了最大的快乐?什么重要,什么不重要?"并将他们的回答总结为一本书:《人生没有后悔药》。书中,他将所收集经验提取了五个共同特征:忠于自我、不留遗憾、化身为爱、活在当下,以及多奉献少索取。

无独有偶,日本人也提出了"生活的意义"这一概念。它假定每个人的"生活的乐趣"或"生存的理由",是他所爱、他知道或能学到的东西、他能找到的资源(包括工资)和这个世界所需要的东西之间的交汇点。

对上述主题的思考可以使一个人更好地找到自己的热情、使命、职业和专长。你可以独立或在集体中探寻这些主题,这些思考可以为了自己,也可以为了所属的组织,甚至可以为了所处的社会。问题可以在任何年龄提出,也可以在青年人寻找方向时帮助他们思考。在传统社会中,老年人扮演着传递同情心、支持、智慧和尊重自然价值观的角色。这得益于家庭单位也是各个年龄段的生活单位。如今,社会不再组织我们相互学习,无论年龄大小。

有些人,例如玛丽·戈登,已经明白了同情心的教育的重要性,它能够使人学会照顾自己、他人以及我们赖以生存的星球。为此,玛丽·戈登邀请年轻父母和他们的孩子一起去学校,学习照顾脆弱的小生命。可能听起来这只是一段趣闻轶事,但这些项目的评价结果是相当积极的,项目可以使参与者避免经历一段在社交网络上广为传播的视频中令人心碎的场景,这段视频中有一个年轻人因成长环境缺乏同情心而饱受痛苦。也存在一些其他方法,最终促成了加拿大一所情感学校的建立。例如,情感学校鼓励年龄较大的学生照顾年幼的学生,这有助于培养责任感和同情心。

我们还应该知道如何去照顾那些照顾他人的人,不论是儿童还是成人。当然特别要优先考虑教师,因为教师和医生一样,作为专业人士站在帮助他人的第一线,他们也会遭遇情感枯竭和倦怠。CRI

的一名博士研究生欧塞安娜·科尔塞斯在巴黎高等商学院（HEC）完成学业并进修认知科学硕士学位后曾在小学任教，她决定以自己的方式应对这一挑战，她试图创建一个应用程序，帮助那些照顾他人的人。

最美好的世界

如果你刚刚读了报纸或看过新闻，你会发现，宣扬人类与生俱来的善良，或者宣扬智慧，是毫无意义的，我很清楚这一点。然而，我也不是唯一一个认为相较于绝望，我们有更多理由去希望，并且认为赌注并非全是徒劳的人。

美国心理学家，哈佛大学教授史蒂芬·平克在他的著作中很好地做出了解释：和所有人的预期相反，我们无疑生活在"一切可能下最美好的世界"中（这并不违背我们仍然可以持续改善世界的意愿）。自智人出现以来，人类一直与之斗争的罪恶正在减少：战争、饥荒、杀戮、贫穷、疾病、文盲……

在《未来简史》一书中，赫拉利以他尖锐幽默的方式提醒我们，肥胖比营养不良对我们的生命造成更多威胁。当今时代的着眼点在于——而且它不容忽视——我们对地球产生的负面影响，危及生物多样性、资源耗竭以及全球变暖，而我们绝不能继续忽视，它威胁着所有脆弱的平衡——生态、农业、经济、社会等。

致力于"学习公共服务平台"

即便如此，事实依旧是，人类比以往任何时候都做得更好，而且正如我所表明的，已经存在无数应对千年挑战的倡议。学习型社会绝不仅仅是一个遥远的梦想。诺贝尔经济学奖得主约瑟夫·斯蒂格利茨认为，学习型社会对于社会的经济和民主发展至关重要。如

5 学习提出好的问题

果印刷业允许早期形式的学习型社会的出现,知识通过书本进行传播,那么一个新的阶段即将来临。如何组织?通过创建一个宏大的"学习公共服务平台"。

"学习公共服务平台"的第一支柱是确保我们获取与我们有关的所有数据。如今,西方GAFAM(谷歌、苹果、脸书、亚马逊、微软)和中国BATX(百度、阿里巴巴、腾讯、小米)这些公司知道连我们自己都不清楚的事情。同样也适用于我们智能手机上的所有应用程序,我们接受了这些应用程序的使用条款,但如果我们费心阅读条款,则通常会拒绝这些条件。在当今世界,一个算法在我们的生活中做出越来越多决定的世界中,就我们个人数据的所有权和使用权建立一个可理解、透明和民主监管的法规至关重要。我们必须能够自行管控关于我们睡眠、食物、教育、健康、运动以及无数其他事物之间相关性的研究。

第二支柱应该是开发公共利益分析工具以进行辅助。以我们的文化消费为例。如今,亚马逊基于我们的在线行为和"与我们相似"的互联网用户的行为,为我们提供了一些通常相关的阅读建议。但是最终目标仍然是商业性的:亚马逊的社会目标或许不是帮助我们成长,而是销售书籍。就好像脸书的社会目标或许不是通过加强我们的社交关系来帮助我们发展,而是收集尽可能多的数据,然后转售给广告商。

正如桑迪·帕拉基拉斯所表明的,这些平台并不会像其他许多平台那样自我监管。她在2017年11月《纽约时报》上发表的专栏文章中解释说,像脸书这样的公司每天都会获取数量惊人的个人数据,但却没有任何保护用户并防止滥用行为的动机。她的结论是:"需要对脸书进行更严格的监管或拆分,这样就没有一个实体能够控制如此大量的数据。企业不会保护我们,而它们的行为危及我们的民主。"我忘记讲,桑迪·帕拉基拉斯不是抵制数字技术的活动家,她可能比其他任何人更清楚自己在说什么:2011—2012年她在脸书工作。

此外，我们也知道，GAFAM并不满足于数百亿美元的收入（这必然是一家私营企业的目标），它们还在努力通过税收优化机制尽可能少地缴税。仅仅是这一点，就足以证明这些企业蔑视公共利益。

学习型社会必须建立一系列机制，考虑到个体需求、尊重其隐私，不试图将其数据商业化，并且其主要目的是提高学习关于自我的事物、关于所在环境，或者关于个人兴趣、专业或社团的主题的能力。

让我们想象一个道路网，其中所有指示信息都是由私人利益集团提供。在这个道路网中，你被指示到一个购物中心，而不是一个17世纪的小修道院。这就是今天网络信息提供的路线。在万维网的知识世界中，你总是会兜兜转转回到谷歌，一切取决于谷歌的意愿、谷歌的算法以及最关键的，谷歌在那时以怎样的方式盈利。如果你找到了一个链接通向这个17世纪的小修道院，要么是你事先知道它的存在，要么是一个商业性的实体有兴趣向你提供这些信息，例如，因为它靠近一个消费场所。在信息高速公路上，路标要么是由你正在查看的页面的所有者放置的，要么是供应商放置的。这个路标可能符合公共利益，然而公共利益并不是这一体系的核心。

将公共利益置于制度的核心，并不意味着将一切都交给国家。在法国，19世纪和20世纪建立的中小学校和高等教育主要是公立的，但国家允许私立学校发展，通过各种调控和管理制度帮助私立学校实现其目标。建立像谷歌这样功能强大的信息搜索服务，或者像脸书的社交网络服务，可能为时已晚。然而现在提出国家或欧洲对我们的数据——我们的电子邮件、私人生活、浏览记录等——拥有主权的问题还不算太晚。建立知识和经验的共享开放系统，正如我上文提到的"助产技术"或"苏格拉底技术"，同样为时不晚。如果公民社会和政治不解决这些问题，那么这些问题仍受到硅谷的巨头企业持续管控。这真的是我们想要的吗？

我坚信，我们必须而且能够在公共服务的庇护下，创造以个人

5 学习提出好的问题

及其学习能力为中心的商业服务替代方案。谁知道呢，也许我们甚至可以找到与GAFAM谈判的机会！

以我们在互联网上找到的信息的相关性为例。在这个虚假新闻网络传播泛滥的时代，你怎么知道该相信哪一条信息，特别是当你还年轻或刚刚入门相关主题？传统上，我们基于批判性思维提出质疑。但是，在过去的几十年中，科学家和新闻工作者通过建立消息来源验证、证词质量、实验方案以及同领域专家同行评审的机制，对信息验证程序进行了改进。这些与现实碰撞的过程有助于启蒙运动和民主的出现。

但是，万维网上只有一小部分互联网用户在社交网络分享信息前，会花一些时间来核实信息的准确性。而大部分未核实的分享可能会导致虚假新闻的传播，尤其当虚假新闻能够操纵我们的情绪并利用我们的认知偏差。如今，很明显，新蒙昧主义操纵者非常清楚如何利用这些手段，利用一些人的轻信，并利用社交网络算法制造的偏差攻击民主、媒体和科学机构。

除了创建一个全新的审查机构外，我们如何搭建一个免疫系统来对抗这些现象？让我们回到我们的远房表亲——细菌，它们与病毒和寄生虫斗争了数十亿年之久，并且制定出了一套能够激发我们灵感的策略。当受到病毒攻击时，一些细菌可以幸运地逃脱，它们整合出攻击对象的一部分信息片段，用来帮助它们识别新的一轮攻击，摧毁攻击对象并将这种能力传递给后代。对我们而言，最重要的是能够抵抗虚假新闻的少数人传播信息，从而使其他人也可以抵抗虚假新闻。

如果把这一策略应用到互联网上，我们可以尝试采取集体行动。假设你拥有一个浏览器，当你认为某个网络信息是可疑的时候，这个浏览器允许你对其进行标记，并且将该标记信息添加到网页上，使用同一浏览器的任何人都可以看到你的标记。然后，我们可以从传播最多的信息中集体识别出最不可靠的信息，从而减缓传播速度，甚至阻止传播这些信息的人，降低他们未来的可信度。

显然，这样的系统依旧是可改进的。如果你有一点直觉，或者你熟悉宿主与寄生虫，剑与盾牌，攻击与防御之间的斗争，那么无疑你会理解，聪明的小机灵鬼可以利用这套系统来诋毁有质量的信息，并破坏我们的策略。

实际上，不存在哪个系统可以抵抗所有攻击。但是，我们可以在这一制度中增加一层框架，以提高其质量，方法是要求做出信息注释的人表明自己的姓名、职业、文凭甚至简历，具体说明她或他反对某一信息的理由。例如：我是直接见证者，能够证实这一点；或者是：我发现逻辑推理或证据方面的缺陷使这一论点无效。因此，我们可以希望就某些主题进行更具建设性的辩论。

另外，如果目的不是揭发某一质量信息的可疑，而是推荐相关信息（例如医学方面的信息），我们可以想象另一种方式，目前巴黎笛卡儿大学医学院和里昂大学医学院正在就该主题进行讨论。从二年级开始，在大约500名注册学生中，很少有超过20名来到阶梯教室上课。但是，大多数学生通常会在学年末通过考试。因此，系主任弗里德兰德自然而然地考虑关闭阶梯教室，以节省学生和教师的时间。他疑虑的问题是，腾出的时间可以做什么（更多的辅导无疑是有益的），如何知道学生在哪里学习，以及除了成绩如何确保他们所学内容的质量（显然大部分时间是在课堂之外）。今天的医学生不仅可以像以往的医学生一样使用讲义，还可以使用数字资源。绘制未来医生从在线课程、同行、医院实习期间、从患者或有经验的医生和护士那里学到的知识，这样做可以帮助人们重新思考医学生的培养方案。

借助我提到的增强型浏览器，学生可以在发现与学业相关的资源时通知所有人。另一些人可能会对某一内容感兴趣，也可能不会，教师-研究人员也有机会对其进行验证，就像从业者的实践一样。如果这些不同类别的大多数行动者给予认可（例如，以AAA认证、授权、计费形式），我们将拥有AAA资源，这可能比只有某些容易受

5 学习提出好的问题

人影响的患者认可的资源更为可靠。理想的情况是，在患者之间共享的众多资源中，医生和研究人员可以帮助他们确定哪种资源最可靠，从而避免欺诈行为的发生。

最后一个关于网页注释的优点的例子，是有关气候变化的教育资源。如果一个网页因趣味性而受到儿童的喜爱，因教育价值而受到教师的称赞，因其科学准确性而受到研究人员的认可，那么它显然是值得推荐的另一种形式的 AAA 资源。

我们可以清晰地看到这与脸书的"喜欢"有所不同。在社交网络上，就目前的运作方式而言，所有的观点都是平等的。我们可以认为这样更好，因为它更加民主。在科学领域，尽管讨论必须保持开放，但这一机制还远远不足。因为在科学的背景下，并不是所有的观点都是平等的，无论是关于地球是否有数十亿年或数千年的历史，还是关于一种治疗是否有效。这一机制（仅以此为例）应该通过反复和科学的过程加以检验与完善，考虑到每个人观点的特殊性，而不会让这个特殊性淹没在众人观点价值相等的平均值之中，反复和科学的过程也使我们能够针对下一代操纵者的战略而调整策略。

为了创建与普及"学习公共服务平台"，我能想到的最好的比较是国家对交通的监管，没有人会质疑这种监管的必要性。交通法规允许每个人在遵守高速公路（或航空空域和海洋空间）行驶规则的前提下随心所欲地出行。不同情况下制定了不同的规则。火车允许以每小时 300 千米的速度行驶，而汽车则不行。我们鼓励人们在既定的位置穿过道路，但也没有法律惩罚不这么做的人（与一些国家不同）。此外，所有法规也都符合国际惯例，例如关于空域的使用，包括调配原则和具体的安全条款。所有这些规则的制定都是为了促进"共同通行"，这是"共同生活"的基础之一。

但是，并没有强制性的路线规定：从巴黎到里昂你可以选择高速列车、飞机、汽车，如果驾驶汽车也可以选择国道或高速公路（或任意一条路线，你可以中途停靠休息或绕道而行，欣赏风景、光顾

21世纪的学习

小餐厅或景点）……知识型社会应该提供这种自由，特别是在高等教育和终身教育制度中，正如前文提到的"空白文凭"，它使人们可以离开预先制定的文凭所设置的路线。今天，培养方案要求每个人都在第一年9月乘坐同一列火车，然后在某年6月抵达。

只有这样的方法才能使我们的教育系统具备必要的灵活性，以支持新知识领域、新的交叉学科、新的专业的出现。然而，在今天，平等与一致混为一谈。不平等减少了吗？并没有，甚至趋于加剧，至少在精英阶层和弱势群体之间是这样的。经济合作与发展组织著名的PISA研究，对几十个国家或地区的中学生技能评估也证实了这一点。

让我们来比较一下。就我们的基因组成而言，我们都是不同的——不平等的。因此，我们中的一些人比其他人更容易感染某些疾病。为了减少这种不平等，我们没有（或目前还没有，这无疑会涉及重大的伦理问题……）进行基因操纵。另外，医学会建议我们改变生活的环境。以特定方式饮食、服用药物、进行一项运动。这些行为对于全体人群都有效，而有些行为则针对特殊情况。

如今的知识型社会有可能在教育领域淡化这一观念。在纸面上，教师可以以"教学自由"的名义来调整他们的教学。但是，当他们的大多数活动都受到国家统一课时安排、预先确定的班级规模、教学大纲的限制时，有多少人能真正做到这一点呢？

例如，你知道没有一条科学规律可以证明在教室四壁之内，25~35人一组，配备仅一名教师，以每节课50分钟的速度学习更有效吗？你知道这个法国学校深深依附的教育系统是由耶稣会会士在16世纪发明的吗？同为耶稣会会士的索邦大学化学教授多米尼克·萨林指出"起源于中等教育的教育模式，与今天欧洲以及世界上大多数国家实行的教育系统相同，就是将学生按技能水平分组，在'班级'中按一定的科目顺序以固定的时间上课，授课和练习相交替，以分数为基准来衡量成功（尽管是从中国借鉴来的）"？无论这个教育系统有什么优点，你真的相信一个有五个世纪历史的组织形式是如此绝妙和普遍，足以应对第三个千年挑战？

首先，让我们真正赋予教师这种官方认可的"教学自由"。并将其记录下来，这样它就不会像经常发生的那样，变成一种永远复制以往的教育措施和教学方法的自由。

使未来成为可能

我知道这项任务的艰巨性。通常情况下，大多数家长和教师倾向于复制他们熟悉的教育系统，这种解决方案不仅因为其简洁性而具有吸引力，还因为它确实有效。在很长一段时间里，只要世界变化得不太快，以过去几代人相同的方式去培养下一代，是应对主要挑战的手段。然而今天情况已不再如从前：世界变化得太快了。当然你也可以认定这不是一件好事，但你真的认为可以阻止世界前进的步伐吗？没有人刻意为之。家长期待孩子茁壮成长，教师期待学生出类拔萃。在瞬息万变的世界中，最好的帮助是为他们提供智力和实践工具，使他们能够对变化进行思考。正如圣-埃克苏佩里所言，"关于未来，这不是一个预见未来的问题，而是一个使之成为可能的问题"。

这种变化往往不会发生在社会上层。大多数精英都围绕在一个旨在挑选精英的体系。他们不会轻易承认这一制度并不完善，因为这样可能会引导人们质疑其合法性。而那些自认为可以为他人做决定的精英人群和受过良好教育的公民之间的分歧正在不断扩大。

如何推动教育系统发展？首先，要允许那些标新立异的人继续下去，鼓励那些有想法的人敢于去落实，评估并共享已有的解决方案。由此可以形成良性的动力，这已经在成功发展其培训体系的国家证明了价值。对此，国际研究确定了两个恒定的因素：对团队创新策略的信任，以及教师初始教育和继续培训的质量。

刚刚我将教育系统与交通系统进行了比较，其实我们还可以从卫生政策中汲取灵感。在医学领域，有一种运动主张根据"4P原则"来思考我们的行动：预测性、预防性、个性化和参与性。将会发生什么？如何阻止可预见的负面影响？如何适应每个个体的反应？如何让社区从个体的反应中受益？除了这"4P原则"之外，我还希望在教育领域中添加两个"P"：伙伴和持续的进步。"伙伴"是指可以在学生、教师、家长以及这些参与者之间进行的横向工作。"持续的进步"则强调，应对措施和制度不应该被视为一成不变的，而是始终寻求进步。

依靠研究和学科之间的交融，医学领域出台了雄心勃勃的公共政策，确定对所有人都有约束力的强制措施（例如接种疫苗），并为从业者提供了重要的自由空间。没有医生会在不考虑最新研究成果的情况下为患者提供治疗，也没有患者会接受这样的治疗，尤其是在互联网使健康信息更加普及的情况下！这就是教育领域应该参考的。

教育和医学之间的比较体现在三个方面。首先，在这两个领域，我们对个人和群体具有同样的关注度——两者的命运密切相关，例如，传播病毒或虚假新闻的情况。其次，这两个领域都与先天因素(遗传资本、血统）和后天因素（环境）有关。最后，在所有国际研究中，健康与教育之间存在着直接和相互作用。受教育程度最高的人群往往也是身体状况最好的人群，反之亦然。如果非洲的少女多接受一年的教育，则会增加其子女的生存机会。

预测性、预防性、个性化、参与性

让我们谈谈教育领域的"4P原则"。

"预测性"可以追溯到流行病学研究，后者使我们能够预测特定的易感性或某一行为会产生某种特定的影响。在教育领域，应谨慎对待这一原则，因为预测性有可能令某些儿童受到谴责，并使人相

5 学习提出好的问题

信决定论在任何情况下都适用。但是预测性也极为高效，使我们能够更准确地决定行动目标。

在医学领域，"预防性"表示所有"救助的行为"，或者至少指代那些有助于控制风险的措施（例如，最著名的措施之一是"禁止吸烟"）。教育研究已经在"救助的行为"上取得相当丰硕的成果：研究表明，鼓励和同理心比惩罚或羞辱产生更好的结果，特别是当行为是公开的；正如我们刚刚回顾的那样，教师的初始教育和继续培训的质量是预测教育系统表现的最佳指标。然而，两者并未得到充分的认识和应用。

"个性化"考虑到每个人对治疗的反应不同，无论是生理层面、心理层面还是管理层面。在教育领域，研究证实了人们基于常识的判断：我们并非都以相同的方式或以相同的速度学习。

最后，"参与性"的概念是指征求患者的意见，并越来越多地邀请患者参与研究。对于教育系统而言，这一概念无疑是最为陌生的。虽然现在教育系统允许学生就教育机构的生活状况（就是所谓的"课堂生活"时间）提出意见，但是很少有学生被教师问及他们对教学方法的看法。的确，即便教师这么做了，学生可能会犹豫是否可以诚实作答——毕竟教师作为给学生成绩的人，既是审定者又是当事人。然而我们可以考虑使用匿名的方法来避免这些漏洞。学习分析的发展也解决了这一障碍：使用数字工具的教师可以获取关于学生学习方式的信息，并能够相应地调整其课程。这一功能最简单、最广泛传播的翻译版本可以在可汗学院等平台上找到：根据你的测试结果，系统将推荐与你的问题相关的视频。如果这些视频对你有所帮助，平台将记录下这些信息，可供之后遇到相同类型困难的人使用。

目前，只有高等教育领域开展了学习分析，特别是在美国，有十几所大学运用学习分析方法以实现预测和预防目的。通过预测，学生可以获悉："如果你来自某一高中，如果你在课程开始时得到了某一分数，那么你辍学的风险就很高。"个性化的预防措施使学生能够获得适合其自身情况的指导计划。一个法国集团创建了一个旨在促进这些数字工具的开放平台（创始成员：瓦朗谢纳大学、南锡第一大学、南锡第二大学、雷恩第一大学和图卢兹国家理工学院）。洛林大学于2017年启动了一项实验，它可以"检索学生在该平台上留下的数字痕迹；将跟踪信息存储在数据库中；将数字痕迹与其教育有关的其他信息联系在一起：如分数、获得的文凭等。"

如果国家在高质量的公共服务方面的投资不足，那么一些负担得起的家庭将转向私立教育，从而进一步加剧教育领域的不平等现象。我有幸参与了由索菲·贝让和贝特朗·蒙杜伯领导的团队，撰写关于国家高等教育战略的报告，研究了这些动态，并提出了我们应探索的方向，以公平的方式帮助下一代为明天的世界做准备。

如果人们认为教育机构存在缺陷，或对儿童的特殊需求不够重视，有一些人甚至会选择完全不去任何教育机构。我们已经在美国的学校教育中看到了这一点，在1999—2012年期间，接受在家上学数量翻了一番（从85万儿童上升到180万儿童，占学校学生人数的3.4%）。在法国，只有0.2%的学生接受家庭教育，但在2007—2014年之间，选择在家上学的学生数量增长了83%！与长期以来的主导趋势相反，家庭教育不仅仅是出于宗教原因或家庭别无选择的情况（学校恐惧症、严重残障等）。它也不等同于去社会化：父母组织儿童与其他人见面，尤其是在体育和文化活动中。

一旦数字工具足够成熟，它们将被用于降低成本和提高私人产品服务的质量。如果公共服务不以开放的逻辑开发和传播数字工具，那么学习型社会将会以一种完全不同的形式出现，它将越来越受市场力量的影响，甚至比今天更加对那些掌握强大的经济、文化和人际关系资本的人有利。

6

学习型地球的说明书

我所期冀的"学习型社会"的雏形已经存在了——前文已经提供了众多示例。但是，我们如何从个体、协会或机构的规模过渡到建立一个连接所有这些倡议的网络？ 2018 年 4 月，我向法国国民教育部长让 - 米歇尔·布朗盖，高等教育、研究与创新部长弗雷德里克·维达尔和劳工部长穆丽艾·佩尼戈提交的《共同建设学习型社会的计划》试图回答这一问题。

我们建议借鉴 1988 年成立的政府间气候变化专门委员会专家组（GIEC），该组织致力于研究气候并促进国际上达成科学共识，我们可以在智能、学习和技能方面创建一个相当于 GIEC 的机构。就像 GIEC 致力于实现联合国提出的第 13 个可持续发展目标（气候）一样，"智能、学习和技能的 GIEC 共识"也推动了联合国设定的第 4 个可持续发展目标：发展优质教育，让全民终身享有学习机会。与其他可持续发展目标一样，如果我们知道如何调动全世界最优秀的研究和创新力量，并培养这一代和下一代人掌握应对这些挑战所需的技能，我们将取得更快的进展。

GIEC 组织的使命是思考个体、人工和集体智慧的共同发展。动物的大脑已经共同进化了数百万年，而文化与我们的个体智慧也已经共同进化了很长一段时间。随着人工智能的突破，智能的共同进化正以前所未有的速度加速发展,这会带来新的恐惧,同时也为建立一个令所有人受益的理想未来带来了新的希望。正如我们看到的,21世纪确实预示着人工智能的出现,它将影响个人和组织的所有学习方式。

在提出这一行动计划时,我希望我已经证明了本书捍卫的经验、信念和思想可以转化为具体的措施——我们甚至已经对这些措施进行了估算。

学习型社会不仅仅是一个概念。更是一个现实:在知识和技能方面的不平等现象日益加剧引发恐惧和排斥,并在许多西方国家导致政治倒退的背景下,如果我们想和平地应对21世纪的挑战,就必须集体面对这一现实,切莫浪费时间。

我们迫切需要将法国与国际伙伴,特别是欧洲伙伴的现有力量结合起来,使每个人都能够发挥潜力,为明天的共同建设做出贡献。这关乎这个民主国家和我们所有人的未来。

结论

走向更人性的人类社会

我们以 2001 年 9 月 11 日的纽约为起点，开始了这段共同的旅程。被有史以来发生的最具有杀伤性的恐怖袭击所震惊，从那以后，我每天都被同一个问题困扰着："我们如何致力于成为一个更……人性化的人类？"

我已经把个人经历逐页地告诉了你们。多年来，我如何一直喜欢探索，以及探索新的探索方式，在旅行、阅读、聊天、玩耍、做事或研究中，有时是独自寻找，但往往在集体中基于多样性的观点、不同学科的诸多贡献、文化十字路口的丰硕成果，可以加快发展速度。我是如何从一名研究人员，一名合作与进化领域的专家转变为一名希望通过研究学习的大学生导师，超越学科障碍进行合作，以一种新方式解决有意思的问题。我如何逐渐理解，如果研究人员是好的学习者，那么所有学习者都可以成为研究人员，或者至少使用研究方法来进步，无论他们的年龄或背景如何，只要他们关注某一个主题。我如何认识到，我们所有人都能从很小的时候，通过满足自身的好奇心而更快地学习。通过研究，通过与学习小组合作，帮助自身克服局限性和部分偏见。我们如何可以在参加集体探索时更快地前进。我如何逐渐相信这些集体可以自我组织并教会他人，逐步建立一个学习型空间。如果我们能够共同设计出可以促进全球集体智慧崛起的新数字工具,那么我们如何在个体层面进行合作,从而为应对当今时代的挑战做出贡献。如果我们知道如何将人类与机器的伦理、技术与集体智慧相结合,那么就可以共同建造未来,让所有人都能从未来进步中受益。

我希望已经说服你们,这种集体的勃勃壮志只能建立在我们在所有地方和所有年龄段的学习方式的变革的基础之上。正如我们所看到的,从那时起,数字技术、遗传学、纳米技术和认知科学的加速进步改变了现状,无论好坏。

最糟糕的情况是,新蒙昧主义对互联网的入侵,虚假新闻的大肆传播,立场的激进化,观点的大规模复制,破坏生态系统和操纵生命的技术的发展,而不考虑伦理道德……

最好的情况是,在全球范围内成千上万的主动行动和认识提高,全都指向对这些技术的良性利用,本书仅列举了一小部分具有代表性的技术。

而我谈到的"更人性化"的人类的轮廓,还有待共同探讨。

即便在最糟糕的充满仇恨与黑暗的时期,人类也已经知道如何实现这一点。在没有任何结构化的教育体系的情况下,在一个以宗教战争和宗教审判为标志的世界里,未来启蒙运动的第一束火花在闪烁。解放思想将逐渐成为现实,先是秘密地,然后在光天化日之下,在当时远比今天更具限制性的环境中,最终促成了狄德罗和达朗贝尔的《百科全书或科学、艺术和工艺详解词典》的问世,以及几年后,从旧制度向民主制度的过渡。

当时,在不同的知识领域(即今天所谓的交叉学科方法)、非正式的交流网络("无形学院")、咖啡馆或沙龙等第三空间之间发生了真正的对话,从而实现思想的检验与交流……当然,还有书籍和印刷品,美国历史学家伊丽莎白·爱森斯坦描述了它们在美国和法国革命发起之前,在"未被注意到的革命"中明显可见的驱动作用。

因此,爱森斯坦解释了,从古腾堡开始,降低获取和共享信息

结论

的成本是如何改变了政治和法律体系。最初的通信技术在今天已经被证明是一种强大的变革推动力。互联网具有相同的作用，引用爱森斯坦教授提出的示例，植物学家花了一个世纪的时间才列出了欧洲生长的 500～5000 种植物，如今，公民 - 研究者群体只需要几年的时间就可以调动他们的集体智慧，绘制生物多样性图谱，一旦有文献记载，甚至只要几秒钟的时间，人工智能就可以分析生物多样性。

跨学科的无限潜能也是如此，特别是由于大数据激发了第三空间的活力或"无形学院"的发展：在数字时代，一切都可以创造启蒙运动。托马斯·斯特尔那斯·艾略特在剧本《岩石》中提出了三个问题："我们在生活中失去的生命在哪里？我们在知识中失去的智慧在哪里？我们在信息中失去的知识在哪里？"

要知道我们得益于一个巨大优势，与启蒙运动相比，它代表了一种范式的转变：数字技术当然是一种通信技术，就像印刷一样，但它同时也是一种独立的数据技术。它可以做出决定，对基因组建模，创造机器人。

我们已经经历了一个历史阶段，在这个阶段中，机器为了运转而与人类互动，即一条信息与行动之间协同发展的阶段，今天我们过渡到一个自主代理人越来越多，代理人在信息中自主做出决策的阶段。我们已经准备好授予机器越来越多的自主权：在机器学习之前，我们总是可以告诉自己，一台机器所做的只是执行人类编程的指令，而现在它已经具备了部分自我编程的能力。以往的情况已经令人眼花缭乱：你知道全球 7% 的金融资产（15 万亿美元）是由人工智能管理的吗？未来，当机器自行设定交易标准时，会发生什么？如果至少在短期内，人工智能的决定产生更高的回报率，我们可能会倾向于选择放手，任其发挥吗？

数字技术是一种指数化的技术。它将产生远大于印刷业的影响，令我们不得不面临科学、社会、道德和政治上的多重挑战，在我看来，

21世纪的学习

这些挑战是前所未有的。

当然，我们可以寄希望于让更多的机器来执行重复和非人性化的任务，这样人类可以将更多的时间投入到"为人"之中，从而发挥其创造力、同理心、理解自己和理解他人的潜力，花更多的时间去寻找人生的意义和乐趣，照顾自己、他人和我们的星球……这是一个人们可以向往的相对乐观的情况，但没有什么是确定的。

好莱坞上演的令人惊悚的黑暗场景也同样不容忽视：机器接管、奴役甚至消灭人类……最后，还有人类重新编辑自身基因组的问题，关乎人类地位，今天我们正面临着这些问题。

如果艾略特今天在这里，他可能会添加三个问题："我们在数据中丢失的信息在哪里？"换句话说：我们如何编织"意义之网"？如何从数据转化为信息，从信息凝结为知识，从知识升华到智慧，以及如何将所有这些知识应用于生活？如何在日常生活中落实行动道德标准，以德国哲学家汉斯·约纳斯于1979年出版的《责任原理》中提出的可持续发展为基础："采取怎样的行动，使其影响与真实的人类生活的永久性相一致"？

本书中提供的一些反思的方法，绝不是坚持某一真理。愿它有助于鼓励人们对我们共同的未来提出问题并进行集体讨论。

附录

2018 年跨学科研究中心（CRI）活动总览

跨学科研究中心（CRI）不断探索与传播学习、教学、研究以及动员集体智慧的全新方式。我们的使命是助力搭建一个学习型社会，使其社会成员学会独立和团队学习，以应对当今时代的主要挑战。在生命科学、学习科学和数字技术三门学科的交汇之处，CRI 试图创造全新的教学方法，从而为学习型社会做出贡献。全新的教学方法基于研究、数字技术、跨学科、集体智慧，以及通过研究、参与和严肃游戏的学习。CRI 开放的结构框架和丰富的专业知识使之成为不断发展的自由机构和独特的创造空间，并在世界范围获得越来越多的认可。而学生的自主性则是推动 CRI 发展的真实动力。我们鼓励学生创建各类社团俱乐部，设计面向所有人的项目。CRI 提供从学士学位到博士学位的基于研究的培养方案，以及继续教育的多重选项。

由 Jean-Christophe Thalabard、Antoine Taly、Patricia Busca 和 Mahendra Mariadassou 指导的"生命的前沿"（Frontières du vivant）项目是一项通用、跨学科的本科生人才培养项目，它涵盖而不仅限于生物学科。项目旨在依托研究，向学生传播一种围绕生命研究展开，并与物理学、化学、数学、计算机科学和社会科学保持不断互动的坚实的科学文化。该培养方案在关注知识积累的同时，同等重视技能的获取,以及学科纵向和横向的双重发展。

由 Pascal Hersen、Franck Zenasni 和 Sophie Pène 指导的"研究与教学的跨学科和创新方法"(Approches interdisciplinaires et innovantes de la recherche et de l'enseignement)硕士研究生培养项目面向致力于接受高水平跨学科教育的学生。硕士课程分为两个方向:生命的跨学科方法(生命科学,AIV)和教育与技术(学习科学,EdTech),未来很快将开设一个围绕数字技术的培养方向。

由 Muriel Mambrini 和 David Tareste 指导的博士校旨在推动有关生命、学习和数字技术领域的跨学科研究,研究领域广泛:从分子和细胞的相互作用到生态系统,包括人类社会,认知,以及多元智能、人类与机器、个人和集体的共同进化。这是法国唯一一所特许的博士学校,允许学生在科研工作期间独立选定论文主题。在哈佛大学教授博士课程的 Andrew Murray 教授主持博士校的国际专家委员会,委员会负责研究生的筛选,录取者在博士校完成创新和跨学科主题的博士论文。

这两个人才培养项目已纳入一项大学研究项目,今后10年由"法国未来投资计划"资助,以支持学生深入探索生命科学、学习科学和数字科学领域的交汇之处,特别是关于生物、个体、集体和人工智能共同发展的问题。

CRI 也积极主动思考如何促进终身学习的发展。目前中心可以授予7种大学学位和联合培养学位。

Vincent Dahirel 发起的"创造力、企业家精神和研究"(CREER)大学学位(DU)面向那些希望跳出舒适地带并参加培训的人。由 Greg Serikoff 和 Sophie Pène 发起的 CoDesign,聚焦于解决方案的设计和合作开发,私立或公共部门的项目协调,从而不断完善实践、行为和项目标准。由 Sophie Audidière 指导的"实践中的教育和培训哲学"(Philosophie pratique de l'éducation et de la formation)文凭着重于提高教育和培训领域行动者的专业水平,以及教学与培训的创

附录

新实验措施的资源共享。由 Florence Rizzo 和 Sophie Pène 发起的"教育转型"（Transition éducative）大学学位，其目标是为教育行动者提供创新的手段，以创建未来的学校。由 Jean-Marc Galan 协调的"创新科学媒介"（Médiation scientifique innovante）文凭旨在提供一个适应创新科学媒介系统的"工具箱"。由 Antoine Taly 负责的"基于游戏的学习"（Apprendre par le jeu），试图探索数字化的严肃游戏在教育、卫生、创新、营销、公民身份、人道主义文化、工业和科研领域的潜力。除了上述几种大学文凭，中心还开设了由 Franck Zenasni 和 Ange Ansour 创建的 FAIRE 大学文凭，旨在搭建科研与教学之间桥梁。

CRI 聚集了一群研究人员，他们渴望在氛围友好的机构中探索跨学科前沿，在这里道德、投入和动员集体智慧是核心关键。CRI 正在开发"协作实验室"（collaboratoire），即"协作"（collaboration）与"实验室"（laboratoire）之间的碰撞交融。"协作实验室"由 Ariel Lindner 负责，作为一个开放性的研究空间，"协作实验室"处于多个学科的交汇点：生命科学、学习科学和数字技术。实验场所之余，我们还创建了一个科研合作项目，向所有试图研究全球卫生或法国社会的教育和教学挑战等问题的国际研究人员开放一个可能性研究空间。"协作实验室"可以容纳 60 名学科过渡的研究人员，根据其项目特征为他们提供 3 个月至 5 年的支持，并允许他们在这里试验其他地方可能很难完成的研究工作。"协作实验室"同样支持研究生的创新项目，例如前文提到的 iGEM，研究生能够借助实验室资源设计集体研究项目，发展他们的创造力，进行前所未有的创新实验，例如上一届毕业生将生物学和设计相结合，实验成果在纽约现代艺术博物馆（MoMA）展出。

除了这些原创研究项目外，CRI 还开发了多个参与性科学项目，例如"一起做科学"（DITOs）——由 11 个合作伙伴共同参与的欧洲项目，为期三年（2016-2019），CRI 的 Imane Baiz 负责项目协调，

21世纪的学习

项目旨在增加生物设计和环境保护主题的科研创新中的公民参与和政治参与。

为了推动上述活动发展并不断催化新项目的诞生，CRI 主持了由法国国家科研署"创新教育杰卓越出计划"（Initiatives d'Excellence en Formations Innovantes, IDEFI）资助的"研究创新培训学院"（Institiut innovant de formation par la recherche, IIRR）框架下的多家实验室，实验室由 Amodsen Chotia 负责管理。实验室面向广大学生、研究人员、教师和市民，在这些实验室内，48 小时极限游戏创作活动 Gamejam 和黑客马拉松（hackatons）通过快速制作全真模型、游戏和试错等核心元素来促进实验室的学习。实验室包括由 Fabrice Jouvenot 领导的 le Game Lab，该实验室致力于科学和教育游戏的开发；由 Jocl Chevrier 创立的 le Motion Lab，一个关于健康和教育行动的实验和原型实验室；Kevin Lhoste 在 CRI 撰写毕业论文时发起的 le Maker Lab，该实验室致力于 3D 和电子物体的原型制作，并开展不同环境下开发、设计和使用低成本高科技传感器的活动；Philippe Bertrand 在 CRI 撰写毕业论文时创立的 le VR Frontiers Lab，旨在通过严肃游戏（serious game）开发虚拟现实教育工具；Xavier Desplas 和 Hugo Lopez 的"慕课工厂"（MOOC Factory）是生命科学和学习科学领域的大规模在线公开课程的设计平台。"慕课"致力于推动民主化进程发展，使尽可能多的人参与终身学习。Le Health Lab 和亲子实验室"premiers cris"完善了这一愿景，两个实验室分别由 CRI 的学生 Olivier Bory 和 Lisa Jacquey 创建，是由 CRI 学生发起的众多实验室中最新诞生的两个。

由 Éric Chérel 领导的 CRI 数字技术团队正在研发创新的数字化措施，例如"增强型体育馆"（Gymnase augmenté），该设备将使大量用户能够在增强现实中进行互动，以学习如何集体式地沉浸在数字世界中。这一想法结合了技术与教学法创新、运动研究和人体工程学研究。作为一个全新的领域，学者（物理学、教育学、人机工程学、心理学等）、高水平运动员、艺术家、学生、初创公司、企业

附录

等将活跃于此。该试点创新项目还将与地标性建筑展开合作，诸如位于历史悠久的巴黎玛莱区中心，毗邻 CRI 的新校区的 Neuve-Saint-Pierre 大街运动场。

CRI 的高度国际开放性是其丰富性、创造力、活力、合法性和认可度的基石。CRI 的学生、教师、研究人员、科学委员会和团队的成员多样性就是最好的佐证，目前中心的成员来自 54 个国家。

CRI 每年筹办几项大型国际活动，包括 2017 年"迈向学习星球"（towards a Learning Planet）国际会议。CRI 与中国（清华大学深圳国际校区）、哥伦比亚（波哥大 Tadeo 实验室）、印度（孟买 Maker's Asylum）、瑞士（日内瓦大学与洛桑联邦理工学院）和巴黎（哈佛大学与巴黎政治大学公共事务学院）的合作伙伴共同开设跨学科的夏季和冬季大学。从哈佛暑期学校 - 巴黎生物城（Biopolis de Paris），到孟买的 STEAM 学校，这些强化课程鼓励学生边实践边学习，开发符合联合国可持续发展目标的创业项目。

这些课程吸引了来自世界各地、背景各异的学生。医学、科学、环境、3D 打印和教育领域的专家共同参与黑客马拉松、讲习班和大师课，以开发具有启发性和影响力的项目。

CRI 支持 CRI 毕业生创建或受 CRI 教育原则启发而建立的场所，例如中国深圳或哥伦比亚波哥大的开放嘉年华。CRI 内部还设立了一个联合国教科文组织"学习科学"的席位，以集结更多合作伙伴，并与联合国教科文组织保持紧密地合作。

通过由 Helga Nowotny（欧洲研究委员会前主席、苏黎世联邦理工学院名誉教授）主持的科学委员会，CRI 完成了研究人员的招募和项目评估。这个享誉国际的委员会是 CRI 教学和科研工作的质量保证，委员会成员包括霍华德·休斯医学研究所教授、哈佛大学系统生物学中心主任 Andrew W. Murray，诺贝尔医学奖得主、亚利桑那州立大学生物设计研究所所长、担任个性化医学教席、健康可持续发展领域教授 Leland H.Hartwell，印度科学与工业研究委员会（CSIR India）

前主任、开源药物探索学院首席导师Samir K. Bramachari，苹果健康团队的前主管、赛智生物网络委员会主席Stephen Friend，新加坡颇具声望的南洋理工大学教授Nadia Thalmann，布里斯托大学教授Stephan Lewandowsky，亚利桑那州立大学教授Rob Page，IDEFI评委会主席Grace Neville，以及哈佛大学HarvardX主管Rob Lue。

CRI鼓励学生创建俱乐部。尤其支持俱乐部：

——引入新学科，例如VR俱乐部引入虚拟现实，SCALP俱乐部引入认知科学！

——开展科学或研究活动，特别是Brian Control Club，该俱乐部专注于分析人体和大脑的电生理信号以实现设备控制的最新技术，或者"医学药学联合会"（Association médecine Pharmacie Science, AMPS），一个由药学或医学博士生组成、关于生物医学研究领域的社区，其跨学科特点为大学教师-医院从业人员的培训做出了贡献。

——探索社会问题，例如"科学体验协会"（Wax Science）着眼于科学界的性别平等问题，CRI For All开展培训帮助难民融入社会。

我们允许学生采用"黑客""创客"的思想，支持学生，同时也向他们发起挑战以开发学术课程以外的项目。除社团俱乐部外，École dynamique、Science Ac'、Rhizi和L'Atelier des jours均是由CRI学生发起的项目。我们提倡"学生-企业家"身份，鼓励学生任何形式的一切创业想法，倡导学生采取主动行动改善组织机构内部、创建初创企业和协会。CRI学生创建了许多初创企业，其中一些非常成功。我们可以列举出几位佼佼者：Unibiome的联合创始人Sophie Gontier，Hello Tomorrow和瞄准抗生素市场的生物技术公司Eligo Bioscience的创始人Xavier Duportet，以及Just One Giant Lab、PILI和La Paillasse的联合创始人Thomas Landrain。

最后但同样重要的是，我要感谢所有CRI工作人员，CRI的发展离不开数十名教师夜以继日的付出，为所有这些活动提供支持，很遗憾我不能像电影片尾字幕那样，记录下每一位人员的姓名，但

附录

在此特别感谢承担秘书、接待、后勤、财务、法律、人力资源、校际联系、学生与校友联络、信息技术等所有服务的总干事 Isabelle Hilali，负责监督新校园工程以及法律和财务工作的秘书长 Bénédicte Gallon，负责国际关系与发展的 Gaell Mainguy。在 CRI 这样一个快速发展的地方，要确保现有项目与新兴项目之间的平衡是一项永久性的挑战，CRI 发挥了孵化器的作用，保护了有效的措施，孕育滋养了能够为明日世界做出贡献的新生力量。

如果您想了解 CRI 的最新项目，请访问我们的网站。

致谢

我愿将本书献给所有教授我无尽知识的人，因为没有他们的帮助，我就不会成为今日的我。没有她们，没有他们，我将无法掌握最基础的知识、人际交往能力、生存能力和一技之长，而且我必然不能、不知道甚至不想，写下这样一本书。

在这里，很遗憾我不能记录下自我出生以来每一位帮助我学习的人，不能不提到我最亲近的人，也就是我的老师、学生、玩伴、同学、同事、队友、朋友，使创建和发展"跨学科研究中心"（CRI）成为可能的人，以及许许多多若非通过数字化媒介或他们的著作与作品，我从未谋面的人。

我不是一名孤独的研究者或一个魔术师。除了我在本书中提及的几个片段，我还想在此着重感谢我的论文导师 Miroslav Radman 和 Ivan Matic。我们一起使用名字的首字母创建了 TaMaRa 实验室。无论是在科学层面还是人文层面，两位都给予我莫大的支持与指导，是他们告诉我专注于研究、想法、经验、结果，忘记那些疲惫无助时的争吵。多年来，我们一直将目光焦距于最著名的典型细菌——大肠杆菌。与 Ivan Matic 共事期间，我们致力于探索细菌的进化机制，他的研究重点是物种之间的基因交换和重组，而我则是基因的突变。一个新项目在此期间诞生，该项目由实验室的博士后 Éric-Stewart、高等科学研究院（IHES）的 Richard Madden 和 Grégory Paul 发起：项目基于一个自动化系统，能够追踪和分析十代细胞，也就是 1000 个个体的衰老。我们已经检测到样本细胞的衰老，这将使我们能够

致谢

探索可能适用于所有生物的分子衰老新机制。

Miro 成功说服我去检验那些或多或少有点荒唐的理论，他对我说："弗朗索瓦，实验就像爱情，你可以思考，可以看着别人做实验，或者听别人讲述他们的实验，但是除非你亲自去尝试，否则你永远不知道它的实质是什么。"显然，他是正确的。当然，随之而来的是那些疑虑的时刻，通常是错误的时刻，还有纯粹的心流时刻，研究的欢愉时刻，以及探索、发现和分享观点的时刻。

我们处在一个本质上基于竞争的体系之中，研究是对学习方式的多样性和互补性的探索发现。从实习生到诺贝尔奖，从技术员到博士后，细菌与文献，实验和失败，所有一切都使我们更加充实。我们通过实验、讨论、合作来学习，有时甚至在半夜或某个激情澎湃的讨论中，在学术年会或实验室组会中，在午休时间或在图书馆，在电脑前或在长椅上。

想要将拼图的每一块单片拼凑在一起，洞悉新的结果，提出新的假设，那么学习的每一点内容都是不可或缺的。每个团队，每个实验室都是一个学习型集体，它会不断完善自身的学习，向其他集体、其他实验室、同一学科或其他学科学习，无论大家身处同一座建筑内还是分隔在地球两端。借助其他研究者共享的研究、问题和结果，我们得以共同进步。基于研究的学习，其丰富性和相关性令我受益匪浅，以至于我设法让更广大的群体从中受益。如果这种丰富性和相关性反映了世界一流大学的实力，那么在数字化时代，当数字技术允许我们消除隔阂的时候，为什么我们不让这种丰富性和相关性惠及所有人？

这正是 CRI 存在的理由。当然，CRI 的建立并非一帆风顺，我们必须克服许多阻力，并对抗保守主义，因此我尤其要向那些最先有勇气和胆识加入我们的人表示敬意，例如 Ariel Lindner，在那时加入 CRI 并不能为他们带来任何学术地位和被学术界认可的安全感。今天 Ariel Lindner 已经成为法国国家健康和医学研究院（INSERM）

的科研主管。他先后在以色列、英国和美国完成学业，在与我和Miroslav Radman 讨论了一整天生物学、教育和研究之后，他加入了我当时从事博士后研究的实验室。我那时并没有意识到这是一段长久友谊的起点，这份珍贵的友情在接下来的几年中帮助我们克服了许多对他来说并不容易的时刻，因为 CRI 这个非典型项目的大多数"敌人"会将他们的视线集中在 Ariel 身上。

许多伟大的学者也为 CRI 的创始做出了不可磨灭的贡献。现任欧洲研究理事会主席、数学家 Jean-Pierre Bourguignon 是我在巴黎理工大学的老师。是他与 Misha Gromov 一同建议我们创建一个关于生物系统中的创新的跨学科研讨会，而他那时是坐落于巴黎近郊伊夫特河畔布尔斯市（Bures-sur-Yvette）的法国高等科学研究院（IHES）的校长。1958 年 IHES 成立时，仅仅得到了物理学家 Robert Oppenheimer 的支持。而从一开始就给予 CRI 充分信任的诸多伟大学者中，我要特别感激欧洲研究理事会首任会长 Helga Nowotny、美国国家科学院前院长 Bruce Alberts、美国最大的生物医学基金会主席 Bob Tjian、霍华德·休斯医学研究所、诺贝尔生理学或医学奖得主 Lee Hartwell，以及几位数学家：菲尔兹奖获得者 Cédric Villani、阿贝尔奖得主 Misha Gromov。我也永远不会忘记 Eric Karsenti 的帮助，他在 2015 年斩获 CNRS 金奖，当时是欧洲分子生物学实验室（EMBL）的研究员，他是第一个同意参与我们博士学位国际科学委员会的人。也不会忘记他的继任者 Andrew Murray 的付出，Andrew 在哈佛大学从事与 CRI 相似的活动，他在 CRI 完成了他的专事研究年。他们使 CRI 摆脱了法国学术圈"近亲繁殖"现象。

但是没有这些学生——那些同意与我们共同开启探索的"丑小鸭"，CRI 将不复存在。一些先行者在完成学业后也从未离开过我们，例如 Samuel Huron，他在高中一年级辍学，并借助"经验所得的同等资格认证制度"（VAE）重新回到学术道路。在法国，VAE 在很大程度上没有得到充分利用，它本可以认证在职场中获得的知识

致谢

和技能,从而颁发同等价值的学历文凭。Samuel Huron 与 Antoine Mazières 在 CRI 攻读了硕士学位,他与 Antoine Mazières 共同创立了"制造商"(fabelier),他们向我解释了黑客道德的优势,他们的二人组又帮助 CRI 吸引了大批来者。Kevin Lhoste 很快加入他们的队伍,三人共同创造 CRI 首个创客空间,在这里我们见证了 3D 打印机和自制无人机的完整制作过程。此后,Samuel Huron 关于数据可视化的博士论文在国际会议上屡获殊荣。Samuel Huron 现在是巴黎高等电信学院(Télécom ParisTech)的教授,像我们许多校友一样,他仍在帮助我们开发新项目。我还想起了 Pascal Hersen,他与 Stéphane Douady 在攻读博士学位时加入了 CRI,想到了 Amodsen Chotia 同时参与物理学和生物学的两个课程,以及 Gregory Paul,他知道如何调动他在巴黎高等师范学院(ENS)的朋友,一同畅想跨学科的研究项目。前几批的学生对 CRI 的产生和发展都发挥了重要作用。特别是 Stéphane Douady,她始终热情地欢迎每一名新生,帮助他们创建新项目,还有 Ariel Lindner、Pascal Hersen 和 Amodsen Chotia,三位工作人员指导了我们在研究、培训和孵化新项目领域的多项重要活动。

当然,少了经费支持,世界上最美好的愿望也将付之东流。国家通过"法国未来投资计划"(Le Programme d'Investissements d'avenir)和"法兰西行动"(La France s'engage)给予了 CRI 财政支持,我们同样得到了许多公共机构的支持,例如国家健康和医学研究院(INSERM),笛卡儿医学学院及三位系主任 Even、Berche 和 Friedlander,巴黎-狄德罗大学,巴黎-笛卡儿大学,以及索邦巴黎西岱大学(自我们成立以来,历任校长一直都非常支持我们)。还要指出的是,这三所公立大学分别由校长 Christine Clerici、Frédéric Dardel 和 François Houllier 领导,颁发了附录中提到的由 CRI 构想与联合培养的学历文凭,并且获得了"法国教育卓越计划"(IDEX)荣誉,这三所公立大学筹划合并后成立一所巴黎大学(Université de

Paris），以提升学校的国际影响力，这一举措可能使 CRI 在大学转型上发挥更好的作用。我还要强调的是，Frédéric Dardel 和 François Houllier 在 CRI 博士校任职多年，他们从内部了解 CRI 的结构并能够衡量 CRI 对学生的影响，因此他们更加愿意支持我们。除了这三位大学校长与其他支持我们的历任校长外，我还必须感谢我的雇主 INSERM，包括几位校长和主管 Claude Criscelli、Christian Bréchot、André Syrota 和 Yves Lévy，以及 Thierry Damerval 和 Claire Giry，始终支持我们在创新项目上的探索与追求。

多亏了 Guillaume Houzel，我们能够与巴黎市政厅建立合作，后者为我们提供了地理位置优越的教学办公场所，并以多种方式支持我们的项目。感谢巴黎市长 Anne Hidalgo 与副市长 Bertrand Delanoé，以及他们身边的 Jean-Louis Missika、Marie Christine Lemardeley、Ariel Weil 和 Carine Saloff-Coste 团队，巴黎市政厅不仅使 CRI 拥有了一个独特、装配完备的场地，而且帮助我们创建大型开放式网络课程（MOOC），启动"增强型体育馆"和"知识冒险家"（Savanturiers）项目，引导 CRI 融入巴黎生态圈。

开明的文艺资助者的无私支持也对 CRI 的发展起到了决定性作用，其中当属贝当古 - 梅耶斯家族（Bettencourt-Meyers）功不可没，从 CRI 的办公场所还在 Berche 院长分配的科钦医学院起，到后期搬迁至巴黎市政厅指派的查尔斯五世大街，Liliane Bettencourt 女士和 Jean Pierre Meyers 先生均多次拜访 CRI。这些年来，我们与基金会的所有工作人员建立了更具建设性且友好的合作关系，尤其是我们最常见到的秘书长 Armand de Boissière 和总干事 Olivier Brault。在基金会的指导下，Flora Donsimoni、Bénédicte Gallon 和 Laura Ferri Fioni 相继陪伴我们，帮助 CRI 逐步发展。

Bettencourt-Schueller 基金会对 CRI 的慷慨相助，在法国创造了历史，基金会为 CRI 提供了充裕的财务支持，使中心的发展远远超出了我的想象。基金会不仅为资助了大部分运营费用以及培训和研

致谢

究计划,而且为玛莱街区约 5000 平方米的"校园"整体工程提供了财务支持。巴黎市政厅出让了这座建筑 50 年的使用权,还为学生和青年研究人员提供了 55 个法国大学及学校事务管理中心(CROUS)的宿舍。

我曾和基金会总干事 Olivier Brault 表示:"正是贝当古基金会无与伦比的慷慨帮助,使得 CRI 的全体行动者继续回馈社会。"基金会为选定的目标计划和 CRI 的跨学科活动提供资金,还允许我们开展有可能找到其他资金来源的创新项目。因此,我们能够承接来自学生、教师、研究人员或机构、初创企业或联合协会在教育、卫生领域的公益项目。例如,Savanturiers、教育领域的 Synlab、培训教师研究人员的 Sapiens、在研究人员与公众之间搭建桥梁以传播高质量新闻的 The Conversation、缔结行动者与人工智能的 IA Hub、组织合成生物学学生竞赛的 iGEM、开放式科学平台 Just one Giant Lab(JoGB)以及涉及性别平等主题的 Wax Science。

此外,贝当古基金会陪伴我们完善结构化的思想与策略,却从未干预项目、学生或研究人员的遴选。基金会辅助我们制定了一个严谨而仁慈的程序,使我们既能够建立一个高效、灵敏的组织,又足以实现自治,为未来发展作好铺垫。

其他私人资助之所以信任我们,是因为他们也认同 CRI 的愿景和使命,例如 Orange 的 Paul Friedel 和 Axa 的 Henri de Castries。

我还要在此感谢数百名研究人员、教师、学生和忠诚的工作人员,他们以己之力,将这种不断发展且卓有成效的自由构架变为现实("不断发展和卓有成效的自由构架"的首字母缩写为 CLEF[①],它开启了多扇大门)。在早期的伙伴中,我特别想感谢的是获得 CNRS 银牌的物理学家 Stéphane Douady 和因其基因组分析研究方法而获得 CNRS 铜牌的 Eduardo Rocha。他们的成名主要归功于医生和病毒学

[①] 译者注:clef 为"钥匙;(问题的)关键"之意。

家 Pierre Sonigo，Pierre 坚守在人类免疫缺陷病毒克隆和测序工作的第一线，并且与 Guillaume Houzel、Christelle van Ham、Ariel Lindner 和 Armand de Boissière 一同担任 CRI 行政委员会成员，Pierre 与 Anne Atlan 在莫尔比汉（Morbihan）的 Berder 小岛为研究人员组织了一期跨学科的春季学校。我还想感谢以 Alice Richard 和 Livio Riboli-Sasco 为首的学生和研究人员，我们一起开发了最新的计划：科学节、Paris-Montagne，以及面向家境贫寒而又渴望探索科研世界的高中生的计划——我们称之为 Science Ac'（科学院）。

我只能在这里以短短几页文字抒发无尽的感激之情，感谢每一位相信我们的项目，并使项目得以实现、成长并不断壮大的人。如果没有他们的付出，CRI 就不会成长为今天的样子。

虽然我从工作中学到了很多，但在我看来，夫妻和家人之间的亲密关系同样是绝佳的学习空间，通过共同生活，感受人际关系的柔软与坚固，经历出生的喜悦和离世的悲伤，从最基本的到最实际的，从平淡无奇的到史无前例的，有如此多可以进行学习的地方。因此，我尤其要感谢我的家人——我的父母、祖父母、叔叔和阿姨、姐妹和堂兄弟姐妹、妻子 Angèle、我们的孩子 Bosco 和 Sophie、我们的侄子以及大家族的每一位成员都给我带来了良多启发。传统上，我们更强调老年人的智慧，诚然长辈们教授我的知识是无可比拟的，但在我看来，无论年龄几许，我一样可以从同龄人那里学到很多东西，特别是我的姐妹 Antonia、Angela 和 Julia。无疑对于新新一代也是如此，通过我的孩子、实验室或在 CRI 工作的学生，我更好地了解了世界在几年内所发生的巨大变化。

最近我受邀撰写关于"学习型社会"的报告，我们可以将"学习型社会"定义为这样的社会：其中一些人的学习促进了其他人的学习，因为我们是乐于分享所知所学的社会存在，而这一切在数字时代变得更加便利。我一生中学到了很多东西，特别是在编写这些报告的过程中，我在这里不仅要感谢报告的合著者 Catherine Becchetti-

致谢

Bizot、Guillaume Houzel、Gaell Mainguy 和 Marie Cécile Naves，还要感谢所有在会议上或在网络上接受采访，而帮助我们就这些主题进行反思的人。

因此，我感谢所有认同建设学习型社会的想法的人。当我们有意识学习，并且我们总是可以更好地学习如何独立和集体学习时，学习型社会将得以搭建成功。因为我学到了很多东西，作为学习型社会中的一员，我自然会分享自己的经验，以便更多人（如果他们认为相关的话）可以从这本著作中获得启发。

正是由于参与到"在 21 世纪的全新学习方式"这个集体反思，为了表达我个人的看法，我最终接受建议撰写了这本书，而在此之前针对提议我也实在找不出时间。这本书的素材是不完整的，只涉及我个人的部分观点，并且 21 世纪还远远没有结束。

就这一主题，其他人可能有着截然不同的观点，我很高兴能够看到他们针对这个复杂主题畅所欲言，他们的方法可以视为我的补充。在不断学习的过程中，即便是我自己，关于学习方法，我也会在不同的时间写下不同的东西。此外，最有趣的方式可能是，邀请那些希望以数字技术创造的新可能性、以独特方式完成本书的人。这样，我们也许可以孕育出一套集体著作，使每一个人成为全新学习方式的缔造者。我们甚至可以就这些主题开设一节 MOOC 课程，探讨和分享 21 世纪的 1001 种学习方法。我们也可以发明各种形式，例如"学习派对"，庆祝和讨论面向所有人的新型学习方法，以及新方法如何与已证明其存在价值的旧方法形成互补。

在那一天来临以前，在看到一百朵繁花盛开之前，随着越来越多人的学习需求不断增长，在我看来，凝集我的想法并将其分享出去是非常重要的。最初是导演 Judith Grumbach 邀请我成为她的纪录片《一个疯狂的想法》(*Une idée folle*)的"重要见证人"，而与她的交流也促使我着手撰写本书。如果没有"助产士"Emmanuel Davidenkoff 的信任、友谊和专业精神，本书无疑不会有问世的可能，是 Emmanuel

21世纪的学习

帮助我将若干个观点转化为一段更容易理解的文本，而如果我独自撰写本书，那势必只是徒劳。也感谢本书的编辑 Philippe Robinet，他同意在本书创作过程的不同阶段与我们进行新颖尝试。多亏了本书的第一批专注且友好的读者，写作过程变得更加愉快，为此我要特别感谢 Mariam Chammat、Judith Grumbach、Ariel Lindner、Gaell Mainguy、Marine Montégut 和我的父亲 Dominique Taddei，我亏欠了他许多。通过接触不同职业，我还有机会搭建专业工作者与读者之间的联系，我也要感谢这些专业工作者，因为他们以自己的方式为学习型社会做出了贡献。不仅仅是插画家、印刷商、代理人和销售商，还包括所有那些负责出版的工作人员。

就本书而言，他们被要求进行新颖的尝试。无疑，有些人会注意到，行文中我们在语法上选择了阴阳词性的临近配合原则。我与许多致力于推广性别平等的女性和男性意愿相同（我在前半句中就使用了这一原则[①]）。这很不寻常，我向可能会受打扰的读者表示歉意，但这是一种形式，可以使我们回归到其他法语国家的语言规则或法国过去的语言规则（语言历史学家告诉我们，直到几个世纪前，一些男人出于纯粹的厌女症而决定在语法上阳性对阴性保持优先权）。希望这笔小小的贡献能够在实质和形式上帮助建立一个更加平等的社会，我希望这个做法能对所有人有所帮助。

就像本书中提到的其他主题一样，之所以在学习后我开始关注性别平等问题，我将其归功于我的家庭文化。我在一个科西嘉家庭长大，自从我出生以来就一直在讨论这些话题，因为在许多地方，你个人的想法对他人而言并不总是理所当然的。但是，在这种文化中，人们对世界、对他人的好奇心，对他人的尊重，观点的交锋，坚守正确的动机，对抗不公平现象的能力，捍卫公正待遇的能力，是最

[①] 译者注：原文"Volonté que je partage avec nombre d'hommes et de femmes engagées…"，这里"engagées"与"femmes"采用临近配合原则。

致谢

基本的价值观。一直以来，家人们试图让我理解不承担责任，没有想过帮助他人获取成功，自己就不会拥有成功的生活。我有幸学会了很多东西，那么我就肩负着帮助他人学习的重大责任。

如果说我有科西嘉的血脉，阿维尼翁人的心灵，之后又得到巴黎的抚育，那么我同样也是一名法国人，一名欧洲人，一名世界公民，像我们所有人一样都属于智人——一种更古老生物的长远血统，像我们星球上的其他人一样，我也是由星尘组成的。我是一名高级公务员，受雇为公共利益做出贡献。我喜欢冒险，被给予很多机会进行下注，并且我的多次失败经历也没有被过分苛责，毕竟失败也是学习的机会。我是一名研究人员，有机会通过研究进行学习，随后尝试与任何年龄和背景的学习者一同分享。当我走上这条似乎吸引了越来越多人的道路时，人们称我为一名"社会企业家"。我的这些想法可以构成一个系统，所以我被要求撰写各种报告。在某些人眼中这些主题似乎与某些主题相关，所以我被邀请举行讲座，参与越来越多的采访，然后被邀请撰写本书，于是我又成为了一名作者。我尽我所能地接受这些多重身份和随之而来的责任，也感谢在每个阶段铸就我新的蜕变的所有人。

在此，我再次感谢所有致力于帮助我们共同的地球——今后很长一段时间内我们唯一的宇宙飞船——的人们，在这颗星球，今世后代可以通过学习、帮助他人学习而实现蓬勃发展，从而找到能够使他们继续前行的解决方案。